essentials

Essentials liefern aktuelles Wissen in konzentrierter Form. Die Essenz dessen, worauf es als „State-of-the-Art" in der gegenwärtigen Fachdiskussion oder in der Praxis ankommt. *Essentials* informieren schnell, unkompliziert und verständlich

- als Einführung in ein aktuelles Thema aus Ihrem Fachgebiet
- als Einstieg in ein für Sie noch unbekanntes Themenfeld
- als Einblick, um zum Thema mitreden zu können

Die Bücher in elektronischer und gedruckter Form bringen das Fachwissen von Springerautor*innen kompakt zur Darstellung. Sie sind besonders für die Nutzung als eBook auf Tablet-PCs, eBook-Readern und Smartphones geeignet. *Essentials* sind Wissensbausteine aus den Wirtschafts-, Sozial- und Geisteswissenschaften, aus Technik und Naturwissenschaften sowie aus Medizin, Psychologie und Gesundheitsberufen. Von renommierten Autor*innen aller Springer-Verlagsmarken.

Barbara Gerhards

Die Matrix der 4 Basis-Emotionen

Im Arbeitsleben einfach und erfolgreich einsetzen

Barbara Gerhards
Bonn, Deutschland

ISSN 2197-6708   ISSN 2197-6716   (electronic)
essentials

ISBN 978-3-658-50313-0   ISBN 978-3-658-50314-7   (eBook)
https://doi.org/10.1007/978-3-658-50314-7

Die Deutsche Nationalbibliothek verzeichnet diese Publikation in der DeutschenNationalbibliografie; detaillierte bibliografische Daten sind im Internet über https://portal.dnb.de abrufbar.

© Der/die Herausgeber bzw. der/die Autor(en), exklusiv lizenziert an Springer Fachmedien Wiesbaden GmbH, ein Teil von Springer Nature 2025

Das Werk einschließlich aller seiner Teile ist urheberrechtlich geschützt. Jede Verwertung, die nicht ausdrücklich vom Urheberrechtsgesetz zugelassen ist, bedarf der vorherigen Zustimmung des Verlags. Das gilt insbesondere für Vervielfältigungen, Bearbeitungen, Übersetzungen, Mikroverfilmungen und die Einspeicherung und Verarbeitung in elektronischen Systemen.
Die Wiedergabe von allgemein beschreibenden Bezeichnungen, Marken, Unternehmensnamen etc. in diesem Werk bedeutet nicht, dass diese frei durch jede Person benutzt werden dürfen. Die Berechtigung zur Benutzung unterliegt, auch ohne gesonderten Hinweis hierzu, den Regeln des Markenrechts. Die Rechte des/der jeweiligen Zeicheninhaber*in sind zu beachten.
Der Verlag, die Autor*innen und die Herausgeber*innen gehen davon aus, dass die Angaben und Informationen in diesem Werk zum Zeitpunkt der Veröffentlichung vollständig und korrekt sind. Weder der Verlag noch die Autor*innen oder die Herausgeber*innen übernehmen, ausdrücklich oder implizit, Gewähr für den Inhalt des Werkes, etwaige Fehler oder Äußerungen. Der Verlag bleibt im Hinblick auf geografische Zuordnungen und Gebietsbezeichnungen in veröffentlichten Karten und Institutionsadressen neutral.

Springer Gabler ist ein Imprint der eingetragenen Gesellschaft Springer Fachmedien Wiesbaden GmbH und ist ein Teil von Springer Nature.
Die Anschrift der Gesellschaft ist: Abraham-Lincoln-Str. 46, 65189 Wiesbaden, Germany

Wenn Sie dieses Produkt entsorgen, geben Sie das Papier bitte zum Recycling.

Was Sie in diesem *essential* finden können

- Das Ziel, dem die 4 Basis-Emotionen Freude, Angst, Ärger und Trauer gleichermaßen dienen
- Eine Matrix, die die Gemeinsamkeiten und Unterschiede der 4 Basis-Emotionen aufzeigt
- Impulse, wie man kompetent und zügig aus den einzelnen Basis-Emotionen aussteigen und zielgerichtet das eigentliche Anliegen verfolgen kann
- Eine Grafik, die die 4 Basis-Emotionen in eine zeitliche und logische Abfolge bringt
- Ein Fallbeispiel aus der Arbeitswelt zur Veranschaulichung der Emotionen

Vorwort

Liebe Leserinnen und Leser,

seit 2013 gilt meine Leidenschaft als Ärger-Expertin, -Trainerin und -Speakerin der Emotion Ärger, die von zentraler Bedeutung für unsere berufliche Wirksamkeit, unser Wohlergehen und unsere Zufriedenheit ist. Warum? Weil Ärger eine emotionale Reaktion auf ein Ereignis ist, das die Erfüllung eines eigenen Wunsches gefährdet oder verhindert. Gerade unser Arbeitsleben besteht aus unzähligen Störungen, mit denen wir täglich umgehen müssen. Diese Störungen reichen von neuen IT-Systemen und Prozessen über unzuverlässige Kolleginnen und Kollegen oder schwierige Vorgesetzte bis hin zu nicht nachvollziehbaren Unternehmensentscheidungen.

Für den professionellen Umgang mit der Emotion Ärger habe ich eine Anti-Ärger-Formel entwickelt, die die entscheidenden Faktoren des Ärgers, nämlich Wunsch, Realität, Bedeutung und Ohnmacht, in eine logische Beziehung setzt: Wir ärgern uns, wenn ein Wunsch, der uns sehr wichtig ist, nicht erfüllt wird, und wir uns bei der Umsetzung dieses Wunsches ohnmächtig fühlen.

Will man einzelne Ärger-Situationen klären, so muss man sich mit der möglichen Überlagerung des Ärgers durch andere Basis-Emotionen beschäftigen und den Ärger gegenüber der Angst, der Trauer und der Freude abgrenzen.

Bei der Abgrenzung des Ärgers ist mir aufgefallen, dass man die Elemente der Anti-Ärger-Formel auch benutzen kann, um die drei anderen Basis-Emotionen Freude, Angst und Trauer zu definieren. Ihre Systematik habe ich in der Matrix der 4 Basis-Emotionen zusammengefasst und ihre zeitliche und logische Abfolge in der dazugehörigen Grafik veranschaulicht.

Für alle 4 Basis-Emotionen liste ich Impulse auf, wie man auf die Komponenten der Matrix eingeht, um das Ziel der Emotion zu erreichen und sich vollständig von ihr zu befreien. Dabei gehe ich als Ärger-Expertin von meinen Erkenntnissen über den Ärger als zentraler und größter Emotion aus. Bei den anderen Emotionen beschränke ich mich allein auf die Komponenten der Matrix.

Mit Hilfe der Matrix der 4 Basis-Emotionen, ihrer grafischen Darstellung und den Impulsen möchte ich einen Beitrag dazu leisten, diese Emotionen in ihrer Funktion besser zu verstehen und gezielter zu nutzen. Im beruflichen Umfeld werden Emotionen oft als unprofessionell oder störend angesehen, da vielen der bewusste Umgang mit ihnen fehlt. Doch gerade der kompetente Umgang mit den drei negativen Emotionen Angst, Ärger und Trauer ist entscheidend, um im Berufsleben wirkungsvoll und erfolgreich zu sein.

Barbara Gerhards

Inhaltsverzeichnis

Über die Autorin

Barbara Gerhards   Anti-Ärger Trainerin und Speakerin
Anti Ärger Akademie
Langenbachstraße 26
53113 Bonn
antiaerger@gmail.com
www.antiaerger.de
Barbara Gerhards ist Expertin für die Emotion Ärger und bietet unter der Marke Anti Ärger Akademie seit 2016 Trainings und Vorträge an. Sie hat aus der Coaching-Praxis heraus einen effizienten Prozess entwickelt, den sie als Hilfe zur Selbsthilfe vermittelt und 2021 in dem Buch „Das Anti-Ärger-Buch – in 3 Schritten frei von Ärger" im Junfermann Verlag veröffentlicht hat.

Einleitung

1

In der Arbeitswelt lösen neue oder unerwartete Ereignisse, Themen, Situationen und Verhaltensweisen immer wieder Emotionen aus. Wenn wir Emotionen verspüren, verändert sich etwas in unserem Körper und wir sind gedanklich mit unserem Gefühlszustand und dem Ereignis beschäftigt, das die Emotionen ausgelöst hat.

Emotionen können uns sowohl physisch als auch mental beeinträchtigen und uns daran hindern, unsere Aufmerksamkeit und Energie den anstehenden Aufgaben zu widmen. Wir sind abgelenkt und treffen eventuell suboptimale Entscheidungen, weil wir in unserem emotionalen Tunnelzustand gefangen sind. Wenn Angst und Ärger im Spiel sind, können Stress, Streitigkeiten und Konflikte entstehen und das Betriebsklima leidet.

Wenn wir die negativen Emotionen Angst, Ärger und Trauer nicht bearbeiten und klären, können sie sich mittel- bis langfristig negativ auf unsere physische und mentale Gesundheit auswirken. Die negativen Begleiterscheinungen dieser Emotionen reichen von Kopfschmerzen, Rückenschmerzen, Schlafstörungen, Erschöpfungserscheinungen und Burnout bis hin zu Stress, Motivationslosigkeit, Depressionen und inneren Kündigungen.

Die Basis-Emotionen haben somit einen großen Einfluss auf die eigene Leistungsfähigkeit, den eigenen Erfolg, das betriebliche Miteinander und den Erfolg des Unternehmens.

Bei dem ständigen Wandel in der Arbeitswelt können wir es uns nicht leisten, in Emotionen stecken zu bleiben. Je schneller wir unsere Emotionen erkennen und klären, desto eher können wir uns wieder mit voller Aufmerksamkeit den anstehenden Aufgaben widmen.

Bei der Beschäftigung mit den eigenen Basis-Emotionen geht es nicht darum, in der eigenen Gefühlswelt zu leben und sein Empfinden ständig mitzuteilen. Ganz

© Der/die Autor(en), exklusiv lizenziert an Springer Fachmedien Wiesbaden GmbH, ein Teil von Springer Nature 2025
B. Gerhards, *Die Matrix der 4 Basis-Emotionen*, essentials,
https://doi.org/10.1007/978-3-658-50314-7_1

im Gegenteil: Wir wollen eine Emotion so schnell wie möglich wahrnehmen, benennen, abgrenzen, klären, loslassen und ins Handeln kommen.

In diesem *essential* strukturiere ich dazu die 4 Basis-Emotionen als zusammenhängendes Warn- und Motivationssystem in einer Matrix und beschreibe ihre Kriterien, Gemeinsamkeiten und Unterschiede.

Zur Veranschaulichung wende ich die Erkenntnisse und Aussagen auf ein berufliches Praxisbeispiel an, das vielschichtig ist und viele Emotionen auslösen kann: die Bewerbung auf eine neue Position im Unternehmen.

Anschließend biete ich für jede Emotion Impulse an, wie man die Komponenten der Matrix dazu nutzen kann, sich von der Emotion selbst zu befreien und ihren Zweck kompetent umzusetzen.

Eine Grafik ordnet erstmals die Basis-Emotionen in ihrem zeitlichen und logischen Ablauf ein und dient als visueller Anker, die eigene Position schnell zu bestimmen, um zurück zur Gelassenheit zu gelangen.

Diese Systematik der 4 Basis-Emotionen kann im beruflichen Alltag dazu genutzt werden, mit den ständigen Herausforderungen der Arbeitswelt entspannt und konstruktiv umzugehen.

professionell. erfolgreich. gelassen.

Die Anzahl der Emotionen hängt von dem psychologischen Modell ab, an dem man sich orientiert. Die Spannbreite reicht von vier bis zehn Emotionen.

Ich konzentriere mich auf die 4 Basis-Emotionen Freude, Angst, Ärger und Trauer, weil sie für das Leben und Überleben eines Menschen unabhängig von Herkunft und Kultur von zentraler Bedeutung sind. Sie sind in unserem Betriebssystem fest installiert. Andere Emotionen wie Scham, Schuld, Verachtung oder Ekel sind dagegen stark von unserer Sozialisation beeinflusst und lassen sich in ihrer Entstehung beispielsweise durch Coaching verändern.

Es ist auch möglich, dass mehrere Basis-Emotionen zeitgleich präsent sind.

Beispiel

In meinem Beispiel geht es darum, mich in meinem Unternehmen auf eine neue Position zu bewerben. Dabei kann ich Angst vor einer Absage haben, mich über die Anzahl der Bewerberinnen und Bewerber ärgern und gleichzeitig traurig sein, von dem eigenen Bereich Abschied nehmen zu müssen. ◄

Wie das Beispiel zeigt, lassen sich Emotionen sowohl durch ein und dasselbe Ereignis als auch durch verschiedene Trigger hervorrufen. Manchmal überlagern sich die Emotionen und wir nehmen nur die intensivste wahr. Wir können auch gleichzeitig in verschiedenen Ängsten oder verschiedenen Ärgernissen feststecken.

Für einen professionellen Umgang mit ihnen müssen wir die vorhandenen Emotionen Freude, Angst, Ärger und Trauer einzeln betrachten und bearbeiten, weil sie unterschiedliche Funktionen haben und zu unterschiedlichen Handlungen aufrufen. In der Matrix definiere ich die 4 Basis-Emotionen anhand von sieben Komponenten und grenze sie voneinander ab.

© Der/die Autor(en), exklusiv lizenziert an Springer Fachmedien
Wiesbaden GmbH, ein Teil von Springer Nature 2025

B. Gerhards, *Die Matrix der 4 Basis-Emotionen*, essentials,
https://doi.org/10.1007/978-3-658-50314-7_2

Emotion	Energie	Ziel	Bedeutung	Status	Zeitpunkt	Ohnmacht	Funktion
Freude	positiv	Wunsch erfüllen	wichtig	Wunsch erfüllt	nicht relevant	nicht relevant	Feiern
Angst	negativ	Wunsch erfüllen	wichtig	Wunsch nicht erfüllt	Zukunft	nicht akzeptiert	Proaktivität
Ärger	negativ	Wunsch erfüllen	wichtig	Wunsch nicht erfüllt	eingetreten	nicht akzeptiert	Veränderung
Trauer	negativ	Wunsch erfüllen	wichtig	Wunsch nicht erfüllt	eingetreten	akzeptiert	Annehmen

Abb. 2.1 Die Matrix der 4 Basis-Emotionen

In diesem Kapitel betrachten wir die sieben Determinanten der Emotionen aus Abb. 2.1 hinsichtlich der Gemeinsamkeiten und Unterschiede, um auftretende Emotionen schnell einordnen zu können.

Im darauffolgenden Kapitel sehen wir uns jede Emotion einzeln an, um sie besser zu verstehen und erste Schritte und Impulse für einen kompetenten Umgang mit ihr zu entwickeln.

2.1   Die Gemeinsamkeiten der Basis-Emotionen

2.1.1   Die Wunscherfüllung

Obwohl es sich bei den 4 Basis-Emotionen um eine positive Emotion und drei sehr unterschiedliche negative Emotionen handelt, dienen alle demselben Ziel: den eigenen Wunsch zu realisieren. Dabei geht es nicht darum, eigene Wünsche und Vorstellungen zu *haben,* sondern darum, diese zu *realisieren* und erfüllt zu bekommen.

> **Beispiel**
>
> Mein Wunsch besteht nicht nur darin, meinen Namen für eine Position in den Ring zu werfen, sondern den neuen Job auch tatsächlich zu erhalten. Wenn die Realisierung meines neuen Jobwunsches keine wichtige Rolle in meiner Karriereplanung spielt, dann könnte ich eine Absage gelassen hinnehmen, ohne dass Ärger- oder Trauer-Gefühle entstehen. ◄

Die eigene Wunscherfüllung ist wichtig für unser mentales und psychisches Wohlergehen und die eigene Zufriedenheit. Nicht umsonst helfen unzählige Coaches ihren Klientinnen und Klienten dabei, die eigenen Wünsche zu definieren und Schritte zur Zielerreichung zu entwickeln. Werden unsere Wünsche erfüllt, empfinden wir ein Glücksgefühl und innere Zufriedenheit. Zumindest für eine gewisse Zeit.

Ob die Erfüllung oder Nicht-Erfüllung eines Wunsches eine Emotion auslöst, hängt vom Verhältnis zwischen *Wunsch* und *Realität* ab. Je größer die Abweichung zwischen unserem Wunsch und der wahrgenommenen Realität bzw. je weiter wir von der Zielerreichung entfernt sind, desto intensiver und emotionaler reagieren wir. Je mehr Wünsche wir realisieren möchten und je klarer und bestimmter unsere Vorstellungen sind, desto höher ist die Wahrscheinlichkeit, dass sich Emotionen entwickeln.

Nicht jede Abweichung zwischen Wunsch und Ist-Zustand löst direkt eine Emotion aus. Meist muss der Abstand ein bestimmtes und sehr individuelles Maß erreichen, damit wir emotional reagieren.

Beispiel

Wenn ich den Job nicht erhalte, mich aber im Vergleich zu den anderen Bewerberinnen und Bewerbern sehr gut geschlagen habe, empfinde ich vielleicht weder Ärger noch Trauer. ◄

2.1.2 Der Wunsch

Weil sich alle 4 Basis-Emotionen mit der Erfüllung der eigenen Wünsche beschäftigen, wollen wir auf unsere Wünsche näher eingehen.

Wenn wir unsere Vorstellungen, Ziele, Ideen, Vorschläge, Meinungen, Ansichten, Träume, Strategien, Pläne, Bitten, Forderungen etc. äußern, dann liegen dahinter häufig Wünsche, die selbst unausgesprochen bleiben.

Beispiel

Nicht der neue Job ist mein Wunsch, sondern das, was ich mir von der neuen Position erhoffe. Das können spannende Aufgaben sein, mehr Personalverantwortung, der Zugang zu einem höheren Management-Level, mehr Prestige oder einfach ein besseres Gehalt. Der neue Job ist Mittel zum Zweck, um eine ganze Reihe von persönlichen Wünschen zu erfüllen. ◄

Unsere Emotionen unterscheiden dabei nicht, ob sich unsere Wünsche auf große existentielle Themen wie die Sicherheit des eigenen Arbeitsplatzes oder eine Beförderung beziehen, oder auf kleine Alltagswünsche wie schnelleres Internet.

Unsere Emotionen unterscheiden auch nicht, ob es sich bei unseren Wünschen um realisierbare Ziele oder unrealistische Vorhaben handelt. Unerreichbare Ziele bergen die Gefahr, immer wieder Emotionen auszulösen.

Wünsche können das eigene Leben betreffen, aber auch das Leben anderer. So haben wir meist konkrete Vorstellungen davon, wie unsere Arbeitswelt aussehen und sich andere Personen im Unternehmen verhalten sollten. In der Regel verfolgen wir mit unseren Wünschen Gutes für uns selbst und für unsere Umwelt.

Wünsche sind individuell und nur dem eigenen Ich bekannt. Somit sind nicht nur die einzelnen Wünsche, sondern auch der Bedarf der Wunscherfüllung und die sich entwickelnden Emotionen sehr individuell und persönlich. Bei Emotionen gibt es kein Richtig und kein Falsch.

Aufgrund der fundamentalen Bedeutung der Wunscherfüllung für unser persönliches Wohlergehen und unsere Zufriedenheit sollte man meinen, dass wir die eigenen Wünsche kennen und formulieren können. Das ist aber häufig nicht der Fall. In den meisten emotionalen Zuständen fehlt uns die erforderliche Klarheit darüber, was wir uns wünschen und erfüllt bekommen möchten. Ohne diese Klarheit sind wir aber nicht in der Lage, uns für die Erfüllung unserer Wünsche einzusetzen.

Beispiel

Möglicherweise entwickle ich mich in die falsche Richtung, wenn ich keine Klarheit darüber habe, welche Wünsche ich mit dem neuen Job verbinde. Vielleicht bewerbe ich mich, weil ich im eigenen Bereich totunglücklich bin und einen schnellen Ausweg suche. Ich vergeude meine Energie und Zeit und verpasse bessere Chancen, wenn mir die eigenen Wünsche hinter meinen Handlungen oder Aussagen nicht bewusst sind. ◄

Die zentrale Frage bei allen 4 Basis-Emotionen lautet also: Welchen Wunsch möchten wir erfüllt bekommen?

2.1.3 Die Bedeutung

Die Liste der Wünsche, die wir erfüllt bekommen möchten, kann unendlich lang sein. Damit bieten wir den 4 Basis-Emotionen einen reichhaltigen Nährboden und könnten uns ständig ängstigen, ärgern, trauern oder freuen.

Ob sich eine Emotion entwickelt, hängt neben der Frage der Wunscherfüllung von einer weiteren Bedingung ab: der Bedeutung. Dabei geht es nicht um die Frage, wie wichtig uns ein Wunsch ist, sondern darum, wie wichtig uns die *Erfüllung* dieses Wunsches ist.

Beispiel

Mir können die Wünsche, die der neue Job voraussichtlich erfüllt, sehr viel bedeuten. Gleichzeitig ist mir eine Zusage vielleicht gar nicht so wichtig. Ich könnte auch damit leben, wenn meine Wünsche erst in drei Jahren erfüllt werden. ◄

Wie der Wunsch selbst und das Ziel der Wunscherfüllung ist auch die Frage der Bedeutung individuell und damit unterschiedlich. Was einer Person egal ist, ist für eine andere Person essenziell. Auch hier gibt es kein Richtig und kein Falsch.

Da die Bedeutung einen großen Einfluss auf die Entwicklung und das Ausmaß der Emotionen hat, lohnt es sich, sich damit auseinanderzusetzen. Wie wichtig ist uns die Erfüllung des eigenen Wunsches wirklich? Die Bedeutung ist eine grundlegende Stellschraube, an der wir drehen können, um die unnötige Entwicklung einer Emotion zu vermeiden. Sich über Dinge zu ängstigen, zu ärgern oder zu trauern, die für uns keine wirkliche Bedeutung haben, vergeudet Energie und kostet Nerven.

Damit empfehle ich nicht, unsere Wünsche und deren Erfüllung als unwichtig abzutun und in Gleichgültigkeit zu verfallen. Ganz im Gegenteil: Wir wollen Klarheit darüber gewinnen, wie wichtig uns die eigenen Wünsche und deren Realisierung wirklich sind, um weniger wichtige Wünsche loszulassen und uns mit unserer Energie und Aufmerksamkeit den wichtigen Themen unseres Lebens zu widmen.

2.2   Die Unterschiede der Basis-Emotionen

2.2.1   Der Status

Die Erfüllung oder Nicht-Erfüllung unserer Wünsche stellt die erste grundlegende Unterscheidung der 4 Basis-Emotionen dar. Dieses Kriterium entscheidet darüber, ob eine positive oder negative Energie in uns ausgelöst wird.

Bei der Wunscherfüllung spreche ich von *Status,* weil die Erfüllung eines Wunsches nicht immer final und statisch ist, sondern sehr dynamisch sein kann. Sowohl unsere Wünsche als auch die Realität und die Abweichung zwischen beiden können sich verändern. Unsere Emotionen hängen immer vom gegenwärtigen Status der Zielerreichung ab.

Wunscherfüllung = positive Emotion

Wenn unser Wunsch erfüllt wird, dann freuen wir uns und empfinden positive Glücksgefühle. Warum? Weil die Welt in dem Moment so ist, wie sie uns gefällt und wir sie haben wollen. Wir sind zufrieden und können unser Leben entspannt genießen.

Beispiel

Erhalte ich eine Zusage für den Job, für den ich mich beworben habe, dann ist die Freude groß. ◄

Freude ist die einzige Basis-Emotion mit hoher positiver Energie. Sie genügt, weil sie den Zustand feiert, auf den wir kontinuierlich hinarbeiten. Die Erfüllung unserer Wünsche bildet die Grundlage für Wohlbefinden und Zufriedenheit und ist täglicher Ansporn und Lebensaufgabe zugleich. Die Freude belohnt uns für unsere Anstrengungen.

Ob ein Wunsch aus der Vergangenheit, Gegenwart oder Zukunft erfüllt wird, interessiert die Freude nicht. Wichtig ist nur, dass die Wunscherfüllung im Hier und Jetzt bestätigt wird.

Die Emotion Freude signalisiert uns, dass ein Wunsch, der uns wichtig ist, erfüllt wird und wir dieses Ereignis feiern können.

Keine Wunscherfüllung = negative Emotion

Wird ein Wunsch, dessen Erfüllung uns wichtig ist, dagegen nicht erfüllt, kann sich eine Emotion mit negativer Energie entwickeln. Die anhaltende Abweichung zwischen Realität und Wunsch hinterlässt eine Dissonanz, die wir als Anspannung wahrnehmen und die uns Kraft und Energie kostet. Diese Dissonanz löst während ihres Bestehens Angst, Ärger oder Trauer aus und hält uns in der Emotion gefangen. Aufgabe der negativen Basis-Emotionen ist es, uns so lange an diese Dissonanz zu erinnern, bis wir sie ausreichend reduziert haben. Folglich halten wir so lange an dem Ereignis und dem unerfüllten Wunsch fest, bis sich etwas an den Komponenten der Emotion verändert.

Wir können gleichzeitig mehrere negative Emotionen empfinden. Sie können durch das gleiche oder durch verschiedene Ereignisse ausgelöst worden sein. In beiden Fällen liegen hinter den Emotionen unterschiedliche unerfüllte Wünsche, die einzeln betrachtet und geklärt werden möchten.

Dabei ist es völlig unerheblich, ob der empfundene Ist-Zustand real ist oder nur in unserer Vorstellung existiert. Unser Unterbewusstsein kann nicht beurteilen, ob unsere Einschätzung eine Annahme ist oder der Wirklichkeit entspricht. Daher werden Emotionen auch ausgelöst, wenn Abweichungen zwischen unserem Wunsch und dem Ist-Zustand nur in der eigenen Gedankenwelt existieren.

Gerade im beruflichen Kontext neigen wir dazu, Annahmen über Vorgesetzte oder Kolleginnen und Kollegen zu treffen. Wir erwarten das Schlimmste (Angst), regen uns auf (Ärger) oder sind enttäuscht (Trauer), auch wenn wir die Faktenlage nicht genau kennen oder nicht wissen, was andere Menschen zu ihrem Handeln verleitet hat.

Beispiel

Wenn ich eine Absage erhalte, dann könnte ich mutmaßen, dass den entscheidenden Personen meine Nase nicht gefiel. Dies ist meine persönliche Annahme und muss nicht der Realität entsprechen. Vielleicht ist aber auch das Gegenteil der Fall und ich werde als Person und Mitarbeiterin sehr geschätzt und nur meine geringe Betriebszugehörigkeit hat zur Absage geführt. ◄

Als Menschen können wir innerhalb von Sekunden zwischen negativen Emotionen und der positiven Emotion Freude wechseln. Wird ein Wunsch erfüllt – oder besteht die Hoffnung, dass er erfüllt wird – empfinden wir Freude. Haben wir uns jedoch geirrt und der Wunsch bleibt unerfüllt, können sich negative Emotionen entwickeln. Dieses emotionale Hin und Her kann sich beliebig oft wiederholen, da sich der Erfüllungsstatus unserer Wünsche ändern kann.

Beispiel

Habe ich mir Hoffnung auf die Beförderung gemacht und werde als zweitbeste Kandidatin abgelehnt, so kann ich mich über meine eigenen Unzulänglichkeiten ärgern, über die verpassten spannenden Aufgaben traurig sein und vor den kritischen Kommentaren der Kolleginnen und Kollegen Angst haben. Wendet sich das Blatt unverhofft und ich bekomme den Job doch, weil der favorisierte Kandidat ein anderes Stellenangebot angenommen hat, dann empfinde ich Freude. ◄

2.2.2   Der Zeitpunkt

Um die drei negativen Emotionen Angst, Ärger und Trauer voneinander zu unterscheiden, stellen wir als Nächstes die Frage nach dem Zeitpunkt: Liegt die Nicht-Erfüllung des eigenen Wunsches in der Zukunft, der Gegenwart oder der Vergangenheit?

Bei Emotionen kann es schwerfallen zu erkennen, ob der unerfüllte Wunsch, der sie auslöst, in der Vergangenheit, der Gegenwart oder der Zukunft liegt. Das Ereignis erscheint uns real und gegenwärtig, weil wir die damit verbundenen Emotionen und Gefühle im Hier und Jetzt verspüren.

Zeitpunkt in der Zukunft = ANGST

Wenn wir Annahmen darüber treffen, was in der Zukunft geschehen könnte, kann dieses Ereignis in der Gegenwart die negative Emotion Angst auslösen. Wir haben Angst davor, dass sich ein Wunsch nicht erfüllt. Angst bezieht sich immer auf eine Situation, die in der Zukunft liegt und noch nicht eingetreten ist. Ob der eigene Wunsch tatsächlich unerfüllt bleibt, ist noch nicht sicher – die befürchtete Nicht-Erfüllung liegt in der Zukunft.

Beispiel

Ich habe Angst vor einer Absage, weil meine Wünsche nach einer neuen spannenden Aufgabe, mehr Verantwortung und einem besseren Gehalt nicht erfüllt werden würden. Das Angstgefühl ist real und wird im Hier und Jetzt empfunden. Das Ereignis selbst, die Absage, ist noch nicht eingetreten und es ist nicht sicher, ob meine Wünsche unerfüllt bleiben. ◄

Angst kann die Emotion Ärger nach sich ziehen. Manchmal folgt der Primäremotion eine Sekundäremotion, vermischt sich mit ihr oder verdeckt sie. Ergründet man den eigenen Ärger, wird man einen unerfüllten Wunsch finden, der in der Gegenwart liegt und damit bereits eingetreten ist. Dasselbe gilt für die Trauer.

Beispiel

Wenn ich Angst vor einer Absage verspüre und mich gleichzeitig ärgere, dann ärgere ich mich nicht über die eventuell verpassten spannenden Aufgaben in der Zukunft, sondern über etwas, was bereits geschehen ist. Ich könnte mich darüber ärgern, dass ich mich nicht gut genug auf das Bewerbungsgespräch vorbereitet habe oder das unternehmensinterne Anforderungen meine Chancen auf eine Zusage verschlechtern. ◄

Zeitpunkt in der Vergangenheit oder Gegenwart = ÄRGER oder TRAUER

Wird ein Wunsch von uns in der Gegenwart nicht erfüllt, dann ärgern wir uns und/oder sind traurig.

Wenn ein Ärgernis, das in der Vergangenheit liegt, auch in der Gegenwart noch zu Ärger führt, dann gibt es einen Wunsch im Hier und Jetzt, der immer noch unerfüllt ist. Es kann der gleiche unerfüllte Wunsch aus der Vergangenheit sein oder ein anderer Wunsch.

Das gleiche gilt für die Trauer. Wir trauern im Jetzt. Wenn ein Ereignis aus der Vergangenheit, das man betrauert, noch heute zutrifft (z. Bsp. die Ablehnung meiner Beförderung), dann besteht der unerfüllte Wunsch in der Gegenwart fort und löst die Emotion Trauer aus.

Führt ein unerfüllter Wunsch, dessen Realisierungszeitpunkt in der Zukunft liegt, zu Ärger und Trauer, dann behandeln wir die Zukunft als heute schon eingetretene Realität.

Umgekehrt lösen sich die Emotionen Ärger und Trauer auf, sobald sich ein Ereignis in die Zukunft verschiebt.

Beispiel

Ärgere ich mich, weil ich die erwünschte Position nicht erhalten habe, und erfahre, dass noch einmal neu entschieden wird, verschwindet mein Ärger schlagartig. Das Ärger-auslösende Ereignis und der unerfüllte Wunsch sind noch nicht eingetreten. Ich kann mich bis zum Zeitpunkt der Bekanntgabe entspannen und die finale Entscheidung gelassen abwarten. ◄

2.2.3 Die Ohnmacht

Bei den Gemeinsamkeiten haben wir festgestellt, dass alle 4 Basis-Emotionen das gleiche Ziel verfolgen, nämlich den eigenen Wunsch erfüllt zu bekommen.

Doch wie verhält es sich mit der eigenen Handlungsfähigkeit in Bezug auf die Wuncherfüllung? Wie selbstbestimmt oder fremdbestimmt sind wir bei der Erreichung unserer Ziele?

Für die positive Emotion Freude ist es nicht relevant, ob wir unser Ziel aus eigener Kraft oder dank äußerer Umstände erreichen. Hauptsache, unser Wunsch ist erfüllt.

Beispiel

Ob ich befördert wurde, weil meine Kompetenzen überzeugt haben oder weil keine anderen geeigneten Kandidatinnen und Kandidaten zur Verfügung standen, beeinflusst meine Freude nicht. Wenn ich keine Freude empfinden kann, dann verfolge ich in Wirklichkeit einen anderen Wunsch, nämlich beispielsweise den, die ideale Kandidatin zu sein und das Ziel aus eigener Kraft zu erreichen. ◄

Bei den beiden negativen Emotionen Angst und Ärger verhält es sich anders: Sie entstehen, wenn ein Wunsch unerfüllt bleibt und uns die Macht fehlt, daran etwas zu ändern. Wir fühlen uns ohnmächtig, weil wir keine Kontrolle über das Geschehen haben. Vielleicht sind wir bei der Zielerreichung fremdbestimmt und abhängig von externen Faktoren wie Gesetzen, Zufällen oder den Entscheidungen und Handlungen anderer Menschen. Oder wir verfügen selbst nicht über die notwendigen Mittel oder Fähigkeiten zur Wunscherfüllung. Wir können uns dadurch ausgeliefert, hilflos, ohnmächtig, wehrlos, frustriert, verzweifelt, blockiert, unfähig oder minderwertig fühlen.

Die empfundene Ohnmacht ist ein wesentliches Kriterium für die Entwicklung der Emotionen Angst und Ärger. Es zeigt, dass wir den unerfüllten Wunsch und unsere Ohnmacht nicht akzeptieren. Wir geben die Erfüllung unserer Wünsche nicht auf, sondern arbeiten weiter an der Zielerreichung oder versuchen zumindest, dem Ziel näherzukommen. Wir möchten selbst entscheiden, ob unsere Wünsche erfüllt werden oder nicht, und unser Glück selbstbestimmt in die eigene Hand nehmen.

Es gibt unzählige Wünsche, die uns wichtig sind und bei denen wir nicht akzeptieren, dass sie nicht erfüllt werden. Solange wir uns nicht ohnmächtig fühlen und aktiv an der Realisierung unserer Wünsche arbeiten, bleiben Ärger und Angst aus. Wir sind vielleicht nicht glücklich mit dem Umsetzungsstand, aber geben immer wieder entspannt unser Bestes in der niemals endenden Hoffnung, doch noch ans Ziel der Wunscherfüllung zu gelangen.

Beispiel

Meine Bewerbung wird abgelehnt, aber ich ärgere mich nicht, weil ich sehe, dass ich weiter an meiner beruflichen und persönlichen Eignung arbeiten kann, um meine Chancen für den nächsten Karriereschritt zu erhöhen. ◄

Bei der Emotion Trauer dagegen haben wir die eigene Ohnmacht, Dinge zu verändern, akzeptiert. Wir nehmen es an, dass wir nicht über die Macht oder Mittel verfügen, die Situation zu ändern. Mit dieser Akzeptanz verfliegen Angst und Ärger. Das bedeutet noch nicht, dass wir unseren ursprünglichen Wunsch loslassen wollen oder können. Es bleibt eine Traurigkeit, weil der unerfüllte Wunsch dazu führt, dass wir auf viele schöne Dinge verzichten müssen, die uns Freude bereitet hätten.

Beispiel

Mein Ärger über eine Absage verfliegt in dem Moment, in dem ich die von anderen Personen gefällte Entscheidung akzeptiere und die Tatsache annehme, dass ich die Situation nicht ändern kann. Das heißt nicht, dass ich meinen ursprünglichen Wunsch loslasse. Ich kann weiterhin versuchen, mich auf höhere Positionen zu bewerben. Zurück bleibt ein Gefühl der Trauer, weil ich auf die spannenden Aufgaben verzichten muss, die mir so viel Spaß gemacht hätten. ◄

2.2.4   Die Funktion

Wir wünschen uns, möglichst viele Wünsche im Leben erfüllt zu bekommen, um unser Wohlergehen und unsere Zufriedenheit zu fördern. Die Funktion der 4 Basis-Emotionen besteht darin, uns bei dieser täglichen Herausforderung und lebenslangen Aufgabe zu unterstützen.

Um die Realisierung unserer Wünsche sicherzustellen, prüft unser Unterbewusstsein ununterbrochen die Komponenten der Matrix ab: Welche Wünsche verfolgen wir; welche sind uns wirklich wichtig; sind bereits Wünsche erfüllt; zu welchem Zeitpunkt werden sie realisiert und wie kommen wir mit der gegebenen Selbstbestimmung zurecht? Die Antworten auf diese Kriterien bestimmen, welche der vier Emotionen Freude, Angst, Ärger oder Trauer wir erleben. Unser Unterbewusstsein und unsere Emotionen erkennen bereits, wo ein Problem liegt, noch bevor wir uns dessen bewusst sind.

Die Aufgabe der Emotionen besteht darin, uns den Status der Wunscherfüllung aufzuzeigen, Alarm zu schlagen, wenn ein wichtiger Wunsch unerfüllt ist, uns zum Handeln aufzufordern und uns für Erfolge zu belohnen. Es ist daher wenig sinnvoll, Emotionen – insbesondere negative – zu unterdrücken oder ihre Existenz infrage zu stellen. Wir brauchen den Weckruf der Emotionen für unser Wohlbefinden, unsere Gesundheit und unseren persönlichen Erfolg.

Als Warn- und Belohnungssystem decken die einzelnen Emotionen zeitlich gesehen verschiedene Prozessschritte auf dem Weg zur Wunscherfüllung ab:

- **Angst = Proaktivität**
  Wenn das Ereignis in der Zukunft liegt, meldet sich im Vorfeld die Emotion Angst und fordert uns dazu auf, in der Gegenwart proaktiv Schritte zur künftigen Zielerreichung einzuleiten.
- **Ärger = Veränderung**
  Ist das Ereignis eingetreten und wir akzeptieren unsere Ohnmacht nicht, dann schlägt die Emotion Ärger Alarm und versorgt uns mit der nötigen Energie, um die bestehende Situation zu verändern.
- **Annehmen = Trauer**
  Haben wir unsere Ohnmacht und das eingetretene Ereignis, das zur Nicht-Erfüllung unseres Wunsches führt, akzeptiert, erinnert uns die Emotion Trauer

daran, dass wir uns mit der Nicht-Erfüllung unseres Wunsches auseinandersetzen und ihre Folgen annehmen. Wir müssen ein Ereignis abschließen, um inneren Frieden zu finden.

- **Freude = Feiern**
Ist unser Wunsch dagegen erfüllt, meldet sich die Freude und lädt uns zum Feiern der Zielerreichung ein. Sie belohnt uns für unsere Bemühungen und schließt ebenfalls den Prozess der Wunscherfüllung ab. Sie motiviert uns zur Erfüllung weiterer Wünsche.

Alle 4 Basis-Emotionen sind für unser Wohlergehen unverzichtbar und in ihrer Funktion unermüdlich im Einsatz. Würde nur eine von ihnen fehlen, könnten wir in Lethargie und Gleichgültigkeit verfallen und die eigenen Lebensziele verfehlen.

Sobald wir eine Emotion wahrnehmen und einordnen, können wir uns für die erhaltenen Informationen bedanken und in den Klärungsprozess übergehen. Es besteht kein Grund, in der Emotion zu verharren und am auslösenden Ereignis festzuhalten. Wir können sofort aktiv werden, uns von den teils unangenehmen Gefühlen befreien und den Impuls der Emotion konstruktiv nutzen.

Für jede Emotion analysieren wir die Komponenten der Matrix und leiten daraus ab, wie wir sie am besten für unser Wohlergehen nutzen können. Wir wollen aus emotionalen Belastungen aussteigen und am Ende des Klärungsprozesses einen Zustand der Gelassenheit und Zufriedenheit erreichen.

Dazu müssen wir zuerst die vier Emotionen wahrnehmen. Die Basis-Emotionen sind nicht nur präsent, wenn wir explizit äußern, dass wir uns freuen bzw. ängstlich, verärgert oder traurig sind. Unzählige Gemütszustände sind nichts anderes als Varianten der Basis-Emotionen. Freude, Angst, Ärger und Trauer spielen somit eine viel größere Rolle in unserem Leben als uns bewusst ist. Gerade der Ärger ist täglich präsent und lässt wenig Platz für echte Gelassenheit.

Es ist gesund und wichtig, die eigenen Basis-Emotionen wahrzunehmen, weil sie als Warn- und Belohnungssystem unser Überleben und unser Wohlergehen sichern. Im Folgenden biete ich Impulse an, die helfen sollen, die jeweilige Emotion zu verspüren, unser Bewusstsein zu schärfen und das Ziel der Emotion aktiv und selbstbestimmt zu verfolgen. Zustände, in denen wir keinen Zugang zu unseren Emotionen haben oder eine Emotion unser Leben auf ungesunde Weise beherrscht, werden nicht betrachtet.

Überlagern sich mehrere Emotionen, müssen wir jede Emotion einzeln bearbeiten und ihre Impulse aufgreifen.

© Der/die Autor(en), exklusiv lizenziert an Springer Fachmedien
Wiesbaden GmbH, ein Teil von Springer Nature 2025
B. Gerhards, *Die Matrix der 4 Basis-Emotionen*, essentials,
https://doi.org/10.1007/978-3-658-50314-7_3

3.1   Die Matrix und die Freude

Wir beginnen mit der einzigen positiven Emotion, der Freude, weil sie ausgelöst wird, sobald wir das übergeordnete Ziel aller 4 Basis-Emotionen, nämlich die Wunscherfüllung, erreichen.

Die Emotion Freude liegt vor, wenn folgende Komponenten der Matrix gegeben sind:

- Ziel: Wunscherfüllung
- Bedeutung: wichtig
- **Status: Wunsch erfüllt**
- Zeitpunkt: nicht relevant
- Ohnmacht: nicht relevant
- Funktion: Feiern

Die Emotion
Wir alle kennen die Emotion und lieben das Gefühl der Freude. Sie beflügelt uns, bringt Leichtigkeit, beschert uns Glücksgefühle und macht Spaß. Wir schreien und jubeln, reißen die Arme hoch oder tanzen vor Freude. Erfüllte Wünsche bringen uns zum Strahlen.

Doch auch Glücksgefühle lassen irgendwann nach. Das ist gut so, denn sonst käme es zu einer Reizüberflutung, deren mentale und physische Auswirkungen trotz des an sich positiven Gefühls irgendwann zu einer Belastung werden würden.

Das Ziel und die Bedeutung
Freuen können wir uns über jeden erfüllten Wunsch, egal ob groß oder klein. Je wichtiger uns die Erfüllung eines Wunsches ist, desto größer die Freude. Unsere Wünsche können sich dabei auf bestimmte Themen, das eigene Leben, das Leben anderer Menschen, die eigene Arbeit oder auf die Gemeinschaft beziehen.

Der Status
Die positive Emotion Freude und die negativen Emotionen Angst, Ärger und Trauer schließen sich gegenseitig aus, solange es sich um den gleichen Wunsch handelt. Warum? Weil ein Wunsch entweder den Status *erfüllt* oder *nicht erfüllt* hat.

Ändert sich der Status der Wunscherfüllung, können sich die Emotionen abrupt ändern: Freude kann in Ärger oder Angst umschlagen, negative Emotionen dagegen in Freude.

Wenn wir gleichzeitig positive und negative Emotionen empfinden, dann beziehen sie sich auf unterschiedliche Wünsche. Strenggenommen wechseln auch sie sich ab, weil wir in einem Augenblick nicht gleichzeitig in zwei verschiedene Wünsche hineinspüren können.

Der Zeitpunkt

Wir freuen uns über jeden erfüllten Wunsch, egal, ob dieser in der Vergangenheit, der Gegenwart oder der Zukunft liegt. Der Zeitpunkt ist nicht relevant.

Glauben wir, dass sich unser Wunsch in der Zukunft mit hoher Wahrscheinlichkeit realisiert, dann können wir uns bereits heute darüber freuen. In diesem Fall sprechen wir von Vorfreude. Wir sollten uns allerdings dessen bewusst sein, dass unser Wunsch noch nicht faktisch erfüllt ist und sich der Status der Zielerreichung noch ändern kann.

Die Ohnmacht

Ob wir über die notwendige Macht und Mittel verfügen, um das eigene Ziel zu erreichen, spielt keine Rolle. Hauptsache, unser Wunsch wird erfüllt. Sollte die eigene Ohnmacht doch relevant sein, dann verfolgen wir den Wunsch, Dinge aus eigener Kraft zu realisieren.

Die Funktion

Aufgabe der Freude ist es, uns darauf aufmerksam zu machen, dass ein Wunsch erfüllt ist und wir diese Tatsache feiern können. Sie belohnt uns mit positiver Energie und Glücksgefühlen für unsere Anstrengungen, das Ziel teilweise über Jahre oder Jahrzehnte und gegen Widerstände verfolgt zu haben. Freude und Zufriedenheit am Ende des Prozesses sind Ansporn, sich für die Realisierung der eigenen Wünsche einzusetzen.

Impulse

Wir können die Komponenten der 4 Basis-Emotionen nutzen, um das angenehme Gefühl der Freude zu maximieren und möglichst viele erfüllte Wünsche zu feiern:

- Die negativen Emotionen minimieren
  Je weniger Angst, Ärger und Trauer wir in unserem Leben empfinden, desto mehr Raum besteht für die Wahrnehmung der Freude. Dazu ist es hilfreich, vorhandene negative Emotionen aktiv anzugehen, zu klären und auf die Erreichung der dahinter liegenden Ziele hinzuarbeiten.

- Die eigenen Wünsche kennen
  Wenn wir wissen, was uns Freude bereitet oder Spaß macht, können wir gezielt mehr davon in unser Leben integrieren – indem wir dafür bewusst Raum und Zeit schaffen.
- Eigenverantwortung für die Zielerreichung übernehmen
  Auch wenn es keine Rolle spielt, wie oder warum ein Wunsch in Erfüllung geht, sollten wir alles in unserer Macht Stehende tun, um unsere Ziele zu erreichen und zum eigenen Glück beizutragen.
- Vorfreude generieren
  Wir können Vorfreude aktiv generieren, indem wir erfreuliche Ereignisse, die in der Zukunft liegen, heute planen, festlegen, einleiten oder gestalten. Das können Urlaube sein, Anschaffungen, Feste oder Veränderungen aller Art. Damit ist nicht gemeint, das eigene Leben in der Zukunft zu leben, sondern schon heute Maßnahmen zu ergreifen, die unsere Wünsche von morgen wahr werden lassen.
- Status der Übererfüllung erzeugen
  Übertrifft die Realität den eigenen Wunsch oder die eigenen Erwartungen, fällt unsere Freude noch größer aus oder mündet sogar in Euphorie. Vielleicht können wir selbst aktiv dafür sorgen, dass unsere Erwartungen übererfüllt werden.
- Die Wunscherfüllung feiern
  Erfüllte Wünsche sollten wir feiern. Wenn wir zu dem Erfolg beigetragen haben, dann sollten wir uns dafür loben und auf die Schulter klopfen. Eigene Erfolge unter den Teppich kehren und falsche Bescheidenheit dienen uns nicht. Wir wollen und dürfen uns ausgelassen freuen.
- Geteilte Freude ist doppelte Freude
  Es steigert unsere Freude, wenn wir sie mit anderen teilen. Über Positives und erreichte Ziele zu sprechen schafft Nähe und stärkt unsere Beziehungen.
- Bewusstsein und Dankbarkeit für den erfüllten Wunsch entwickeln
  Das Bewusstsein für eine Emotion lässt in seiner Intensität und Wirkung irgendwann nach und wir sprechen von Gewöhnung. Dies gilt auch für die Freude. Wir können uns selbst immer wieder daran erinnern, welche Bedeutung ein Wunsch für uns hat und wie dankbar wir dafür sind, dass er erfüllt wurde oder immer noch erfüllt wird.

3.2   Die Matrix und die Angst

Weil die Nicht-Erfüllung des eigenen Wunsches bei der Emotion Angst noch nicht eingetreten ist, beginnen wir mit der Betrachtung dieser negativen Emotion. Vielleicht haben wir Glück und können den Eintritt der Nicht-Erfüllung verhindern, sodass uns die Entwicklung der beiden anderen negativen Emotionen Ärger und/oder Trauer erspart bleibt.

Die Emotion Angst liegt vor, wenn folgende Komponenten der Matrix gegeben sind:

- Ziel: Wunscherfüllung
- Bedeutung: wichtig
- Status: Wunsch nicht erfüllt
- **Zeitpunkt: Zukunft**
- Ohnmacht: nicht akzeptiert
- Funktion: Proaktivität

Die Emotion

Jede Veränderung beginnt damit, die eigene Emotion wahrzunehmen. Bei der Angst ist das nicht immer einfach. Wir verspüren Angst nicht nur, wenn wir sie uns selbst oder anderen gegenüber eingestehen und äußern. Sie kann sich auch hinter verschiedensten Gemütszuständen mit unterschiedlichen Intensitäten verbergen wie Sorgen, Unbehagen, Befürchtungen, Furcht, Unsicherheit, Zweifel, Bedenken, Hemmungen oder Panik. Wenn wir wachsam, vorsichtig, zurückhaltend, unentschieden, schüchtern, feige, beunruhigt oder alarmiert sind, kann Angst der Grund dafür sein.

Das Ziel und die Bedeutung

Nicht jeder Wunsch, dessen Erfüllung in der Zukunft liegt, löst die Emotion Angst aus. In den meisten Fällen fühlen wir uns bewusst oder unbewusst in der Lage, mit unerfüllten Wünschen umzugehen und sind entspannt.

Angst zu haben ist in unserer Gesellschaft nicht immer positiv besetzt, weil diese Emotion häufig als Schwäche ausgelegt wird. Damit werden wir allerdings der enormen Bedeutung dieser lebenswichtigen Emotion nicht gerecht. Wir brauchen die Angst, um zu merken, dass die Erfüllung eines wichtigen Wunsches gefährdet ist. Wenn wird die Angst nicht hätten, würden wir ungebremst Leib und Seele gefährden und das eigene Glück aufs Spiel setzen.

Es geht also nicht darum, welches Ereignis die Angst auslöst, sondern um die Frage, vor welchem unerfüllten Wunsch wir Angst haben.

Beispiel

Wenn ich zugebe, dass ich Angst vor einer Absage habe, müsste ich die Folgen des Ereignisses benennen, die mir Angst bereiten. Wie sieht mein Leben aus, wenn meine Wünsche nicht erfüllt werden? Was möchte ich nicht in meinem Leben haben? Worauf möchte ich nicht verzichten? ◄

Die Emotion Angst hilft nicht nur, auf die Erfüllung großer Wünsche wie ein gesundes, langes, schmerzfreies Leben, Nähe zu geliebten Menschen, gute Beziehungen oder materielle Ausstattungen hinzuweisen. Sie macht uns auch auf die Erfüllung kleiner Wünsche aufmerksam, wie den Sitzplatz am Fenster zu erhalten, das letzte Stück Kuchen zu ergattern oder auf eine staufreie Autofahrt zu hoffen.

Wie bei allen Emotionen gilt, dass Anzahl und Themenspektrum der Wünsche, die wir erfüllt bekommen möchten, unendlich und individuell sind. Und ein Wunsch, dessen Nicht-Erfüllung uns Angst macht, ist uns sehr wichtig. Ist uns die Umsetzung eines Wunsches hingegen egal, werden wir auch keine Angst entwickeln. Gleichgültigkeit und Angst schließen sich aus.

Der Status

Die Emotion Angst zeigt sich nur, wenn wir davon ausgehen, dass ein Wunsch, dessen Erfüllungszeitpunkt in der Zukunft liegt, nicht erfüllt wird. Ob der Wunsch unerfüllt bleibt und die Angst berechtigt ist, ist noch nicht sicher.

Die Annahme der Nicht-Erfüllung beruht in der Regel auf eigenen Mutmaßungen, Erfahrungen, Einschätzungen sowie auf Informationen und Aussagen anderer. Angst entwickelt sich erst ab einer bestimmten subjektiven Eintrittswahrscheinlichkeit, die jeder für sich anders definiert.

Wenn wir dagegen Gewissheit verspüren, weil Daten und Fakten heute schon bekannt sind, die zur Nicht-Erfüllung eines Wunsches in der Zukunft führen und wir völlig von dieser Faktenlage überzeugt sind, dann wird der unerfüllte Wunsch für uns zur Realität und es entwickelt sich keine Angst, sondern Ärger. Sollte dennoch Angst spürbar sein, liegt dieser Angst ein weiterer gefährdeter Wunsch in der Zukunft zugrunde.

Angst zu haben bedeutet, dass wir noch einen Funken Hoffnung sehen, den eigenen Wunsch erfüllt zu bekommen.

Der Zeitpunkt

Die beste Medizin gegen Angst ist sich klarzumachen, dass die befürchtete Nicht-Erfüllung des eigenen Wunsches noch nicht eingetreten ist. Im Grunde können wir hier aufhören, uns weiter mit dem Thema Angst zu beschäftigen, weil es sich um ein Ereignis in der Zukunft handelt. Wir müssen keine Angst vor der Angst haben, weil die Nicht-Erfüllung Zukunftsmusik ist.

Warum sollte man sich dennoch mit der Emotion beschäftigen?

Weil Angst die einzige negative Emotion ist, die sich im Vorfeld meldet und uns auf das Risiko aufmerksam macht, dass ein Wunsch in der Zukunft eventuell nicht erfüllt wird. Bei Ärger und Trauer ist die unerwünschte Situation bereits eingetreten und wir können nur noch versuchen, den Schaden zu begrenzen.

Ist der Wunsch sehr wichtig und die Nicht-Erfüllung tritt ein, verschwindet die Angst und weicht eventuell den negativen Emotionen Ärger und/oder Trauer. Es kann aber auch sein, dass der Eintritt des Ereignisses überhaupt keine negativen Emotionen auslöst.

Die Ohnmacht

Wenn nicht sicher ist, ob ein Wunsch in Erfüllung gehen wird, kann sich ein Gefühl der Ohnmacht einstellen, unabhängig davon, ob andere über unser Schicksal entscheiden (Fremdbestimmung) oder wir es selbst in der Hand halten (Selbstbestimmung).

Angst verspüren wir, weil wir unsere Ohnmacht nicht akzeptieren wollen und hoffen, dass unser Wunsch noch irgendwie erfüllt werden kann. Wir geben trotz des Ohnmachtsgefühls nicht auf.

Akzeptieren wir dagegen unsere Ohnmacht, verschwindet auch die Angst und wir überlassen uns dem ungewissen Ausgang unserer Wunscherfüllung.

Die Funktion

Obwohl die Angst negativ besetzt ist, hat sie so viel Positives zu bieten, das wir uns unbedingt zunutze machen sollten. Dadurch, dass die Nicht-Erfüllung noch nicht eingetreten ist, haben wir noch Handlungsmöglichkeiten und können uns für die Erfüllung unserer Wünsche einsetzen. Angst warnt uns nicht nur im Vorfeld, sie wehrt sich auch gegen die empfundene Ohnmacht bei der Zielerreichung und ruft uns zum proaktiven Handeln auf.

Die Emotion Angst und ihre Funktion enden, sobald die Erfüllung oder Nicht-Erfüllung unseres Wunsches faktisch eintritt.

Impulse

Wir können die Komponenten der 4 Basis-Emotionen nutzen, um das beklemmende Gefühl der Angst möglichst schnell loszulassen und unser Ziel der Wunscherfüllung proaktiv anzugehen:

- Angst-, Ärger- und Trauer-Wünsche trennen
  Wir müssen unsere negativen Emotionen einzeln betrachten, weil jede Emotion in einer anderen Phase aktiv wird und zu anderen Handlungen aufruft. Zudem kann hinter jeder Emotion ein anderer Wunsch stehen, selbst wenn das gleiche Ereignis die Emotionen ausgelöst hat.
- Die Emotion Angst erkennen
  Es ist hilfreich, die eigenen Anzeichen der Angst zu erkennen und wahrzunehmen. Wir können uns schon bei schwachen Anzeichen fragen, ob wir gerade vor etwas Angst haben, ohne dabei direkt in Panik zu geraten.
- Angst-Trigger auflisten
  Welche Themen, Situationen oder Personen lösen Angst aus? Es ist hilfreich, sich diese Trigger zu notieren, um im nächsten Schritt die Wünsche dahinter zu reflektieren.
- Den Wunsch hinter der Angst formulieren
  Es geht nicht um das Ereignis, das die Angst auslöst, sondern um unsere nicht erfüllten Wünsche bzw. die Folgen der Nicht-Erfüllung. Wir können uns unserer Angst nur stellen, wenn wir wissen, wovor wir Angst haben. Was wollen wir vermeiden? Womit kommen wir nicht klar? Die Angst wird sich verringern, wenn wir das Unbekannte, das uns Angst macht, konkret benennen können.
- Blockaden überwinden
  Obwohl es Aufgabe der Emotion Angst ist, uns wachzurütteln und ins Handeln zu bringen, kann sie emotional so beeinträchtigen, dass wir uns mental blockiert und physisch gelähmt fühlen. Aus dieser Schockstarre müssen wir uns befreien und wieder aktiv werden. Dabei kann die Erkenntnis helfen, dass das befürchtete Ereignis noch nicht eingetreten ist und uns noch Zeit bleibt, zu reagieren.
- Mutig sein
  Die negativen Gefühle, die aus der Angst vor der Nicht-Erfüllung eines Wunsches entstehen, können um ein Vielfaches stärker sein als jene, die beim tatsächlichen Eintritt des Ereignisses durch Ärger oder Trauer ausgelöst werden. Auch wenn sich das Ereignis zunächst wie ein unüberwindbares Hindernis anfühlt, stellt sich nach dessen Eintritt oft Erleichterung ein, da es keine Ungewissheit mehr gibt und sich neue Handlungsoptionen ergeben.
  Wir müssen mutig sein und uns den Risiken stellen, dass sehr wichtige Wünsche eventuell nicht in Erfüllung gehen.
- Im Hier und Jetzt leben
  Das Positive an der Angst ist die Tatsache, dass die Nicht-Erfüllung des Wunsches in der Zukunft liegt. Da wir in der Gegenwart leben und dies der einzige Zeitpunkt ist, in dem wir handeln können, können wir die Zukunft auf die Gegenwart reduzieren.

In Bezug auf die Angst müssen wir uns demzufolge fragen, was wir im Jetzt tun können, um zur Erfüllung der Wünsche in der Zukunft beizutragen.

Können wir im Hier und Jetzt nichts zur Wunscherfüllung beitragen, können wir das Thema und die dazugehörige Angst loslassen. Wir können uns wieder mit ihnen beschäftigen, sobald sie relevant oder real werden.

- Eigenverantwortung übernehmen und handeln

  Wenn wir im Jetzt etwas unternehmen können, um zur Erfüllung unserer Wünsche beizutragen, sollten wir das tun. Die Emotion Angst ruft uns auf, proaktiv zu werden und zu handeln. Über Angst zu reden lindert zwar die Emotion, führt aber nicht zur Zielerreichung. Eigenverantwortung für die eigene Zufriedenheit zu übernehmen, bringt uns persönlich weiter und führt uns aus der Angst heraus.

- Hilfe finden und annehmen

  Die eigene Ohnmacht zu überwinden kann auch bedeuten, die Wunscherfüllung nicht dem Schicksal oder den eigenen Kräften zu überlassen. In vielen Fällen gibt es Personen oder Institutionen, die uns unterstützen können. Wir sollten bereit sein, Hilfe zu suchen und anzunehmen.

- Sein Bestes geben

  Haben wir es geschafft, die eigene Angst zu sehen, das Hindernis mutig zu überwinden, den Wunsch dahinter zu erkennen, erste Schritte zur Wunscherfüllung zu gehen und uns dabei unterstützen zu lassen, können wir stolz auf die eigene Handlungsfähigkeit sein. Alles, was wir tun können, ist unser Bestes zu geben und alles zu versuchen, was hier und heute in unserer Macht steht. Ob unser Wunsch irgendwann erfüllt wird, liegt nicht immer in unserer Hand.

3.3   Die Matrix und der Ärger

Im Gegensatz zur Emotion Angst ist beim Ärger das Ereignis bereits eingetreten und unser Wunsch wurde nicht erfüllt.

Die Emotion Ärger liegt vor, wenn folgende Komponenten der Matrix gegeben sind:

- Ziel: Wunscherfüllung
- Bedeutung: wichtig
- Status: Wunsch nicht erfüllt
- **Zeitpunkt: eingetreten**
- Ohnmacht: nicht akzeptiert
- Funktion: Veränderung

Das Kind ist in den Brunnen gefallen, der Drops gelutscht, die Birne geschält. Es ist zu spät, wir stehen vor vollendeten Tatsachen und trotzdem ärgern wir uns. Warum ist das so? Weil uns der Ärger – genau wie die Angst – darauf hinweist, etwas zu unternehmen, um unserer Wunscherfüllung näher zu kommen. Wir sollen eine befürchtete Situation wie bei der Angst nicht vermeiden, sondern eine bestehende Situation verändern!

Die Angst endet abrupt, wenn das Angst-auslösende Ereignis eintritt und die Zeit des proaktiven Handelns abgelaufen ist. Bei der Emotion Ärger ist das Gegenteil der Fall. Das Ereignis ist bereits eingetreten und wir ärgern uns so lange, bis wir oder andere die Ärger-Situation verändert haben.

Die Emotion

Ärger ist die zentrale und häufigste negative Emotion. Wir ärgern uns viel öfter als ängstlich oder traurig zu sein. Glücklicherweise! Es wäre schrecklich anstrengend, wenn die Emotionen Angst und Trauer genauso präsent wären wie Ärger.

Ärger begegnet uns jeden Tag als emotionale Reaktion auf einen unerfüllten Wunsch bzw. eine Störung. Wir sprechen so oft von dem Gefühl, dass uns etwas stört, ohne die eigentliche Störung wahrzunehmen. Dinge entwickeln sich nicht so, wie wir es gerne hätten und wir müssen uns täglich auf neue unerwünschte oder ungeplante Situationen einstellen. Weil unser ganzes Leben aus ständigen kleinen und großen Störungen besteht, wird die Emotion Ärger so häufig ausgelöst.

Aber nicht jede Störung führt zu einem Ärger-Gefühl. Auch hier gilt, dass die Emotion Ärger individuell ist, weil wir alle unterschiedliche Wünsche haben, ihnen eine andere Bedeutung beimessen und die eigene Handlungsfähigkeit bzw. Ohnmacht anders empfinden. Unser Ärger ist umso größer, je stärker Wunsch und Realität voneinander abweichen, je mehr uns der Wunsch bedeutet und je ohnmächtiger wir uns fühlen, eine Veränderung herbeizuführen.

Als Menschen können wir uns alle ärgern. Und obwohl diese Emotion so präsent in unserem Leben ist, nehmen wir sie oft nicht wahr. Dies liegt daran, dass uns nicht bewusst ist, dass sie hinter zahlreichen Gemütszuständen steckt. Die Emotion Ärger ist beispielsweise zugegen, wenn uns etwas stört, wir etwas nicht wollen oder mögen, wir uns aufregen, uns beschweren, uns beklagen, jammern, andere beschuldigen, schlechte Laune haben, genervt, beleidigt oder nachtragend sind. Das für den Ärger so kennzeichnende Ohnmachtsgefühl steigert unseren Frust und Stress sowie unsere Verzweiflung und Unzufriedenheit über den unerfüllten Wunsch.

Auch viele negative Eigenschaften wie Ehrgeiz, Ungeduld, Arroganz, Überheblichkeit, Selbstmitleid, Missgunst, Neid, Eifersucht, Gier oder Stolz, die oft dem Charakter zugeschrieben werden, können einen unerfüllten Wunsch und dadurch die Emotion Ärger enthalten. Ärger ist nicht nur ein Thema für Choleriker, sondern geht uns alle an.

Wir ärgern uns also nicht erst dann, wenn die Intensität so stark ist, dass wir unseren Ärger oder unsere Wut offen äußern – bis hin zu verbaler oder sogar physischer Aggression. Jede Form von Unzufriedenheit ist ein Zeichen dafür, dass wir uns ärgern.

Wirklich frei von Ärger sind wir nur im Zustand von Gelassenheit und Zufriedenheit.

Wenn wir im Ärger festsitzen, dann sind wir nicht frei. Ich spreche gerne vom Ärger-Gefängnis, in dem wir uns oder auch andere festhalten. Wir halten an Ärgernissen fest und lassen sie nicht los. Solange wir uns nicht davon befreien, klebt der Ärger an uns.

In unserer Gesellschaft setzen wir uns wenig mit der Funktion und den Ursachen der Emotion Ärger auseinander. Ärger ist auf der einen Seite negativ besetzt und gilt als charakterliche Schwäche, während er auf der anderen Seite als unvermeidbar akzeptiert und teilweise sogar gepflegt wird. Die Emotion wird sowohl unterdrückt als auch ausgelebt. Wenn wir in der Ärger-Emotion bleiben und uns nicht konstruktiv mit dem dahinter liegenden Thema auseinandersetzen bzw. das Ärgernis klären, wirkt sich die Emotion allmählich negativ auf unser mentales und physisches Wohlergehen aus und belastet das soziale Miteinander:

- Ärger trägt maßgeblich zu körperlichen Beschwerden wie Bluthochdruck, Verspannungen im gesamten Körper (Kiefer, Nacken, Schulter), Zähneknirschen, Kopfschmerzen, Rückenschmerzen oder Tinnitus bei.
- Mental kann sich die Emotion Ärger auf Dauer in Unruhe, Nervosität, Unzufriedenheit, Stress, Schlaflosigkeit, Ermüdungserscheinungen, Burnout, Arbeitsunfähigkeit, ungesundem Ess- oder Trinkverhalten äußern.
- Jedem Streit und jedem Konflikt geht ein Ärgernis voraus, das nicht geklärt worden ist. Arbeitsbeziehungen und private Beziehungen leiden unter ungelösten Ärger-Themen und unnötigen Spannungen.

Weil der Ärger am Anfang dieser negativen Auswirkungen steht, stellt der professionelle Umgang mit dieser Emotion für mich einen elementaren Baustein im betrieblichen Gesundheitsmanagement dar und hat einen großen Einfluss auf die Kultur in einem Unternehmen oder System.

Das Ziel und die Bedeutung

Löst ein unerfüllter Wunsch Ärger aus, stimmen Realität und Wunsch nicht überein. Wollen wir den Ärger lösen, müssen wir beide genauer betrachten.

Oft entdecken wir unsere Wünsche erst, wenn sie im Ist-Zustand nicht erfüllt werden. Weil sie uns vorher nicht bewusst waren, müssen wir bei Nicht-Erfüllung anfangen, uns mit ihnen zu beschäftigen. Der Ärger hilft uns also dabei, die eigenen Wünsche zu entdecken.

Haben wir einen Wunsch erkannt, sollten wir ihn so präzise wie möglich definieren, um mit unseren Handlungen auch erfolgreich zu sein. Wir können alle den gleichen Wunsch haben, beispielsweise nach einer kompetenten Führungskraft, und verstehen doch alle etwas anderes darunter. Jeder definierte Wunsch hinter einem Ärgernis schafft Klarheit und bringt uns der eigenen Zufriedenheit näher. Nicht umsonst wird der Ärger auch Lehrmeister genannt.

Dass unser Unterbewusstsein nicht zwingend zwischen Annahme und Realität unterscheiden kann, wurde bereits erwähnt. Sich über Dinge zu ärgern, die nur in unserer Vorstellung existieren, ist eine Vergeudung von Zeit und Energie. Wir können in der selbsterzeugten Realität weiterleben oder die Sachlage klären und uns mit dem Ist-Zustand auseinandersetzen.

Bei einem realen Ärgernis kann es sich um ein Thema, eine Situation oder das Verhalten von Personen handeln. Es kann die beschlossene Umorganisation sein, der Verlust des eigenen Arbeitsplatzes oder der Vorstand, der unserer Meinung nach eine falsche Entscheidung getroffen hat. Bei Personen können wir uns über andere, aber auch wunderbar über uns selbst ärgern. Die Liste der Ärgernisse ist unendlich lang.

Häufig ärgern wir uns darüber, dass eigene Erwartungen an uns selbst, an andere oder an externe Gegebenheiten nicht erfüllt worden sind. Erwartungen dienen der Wunscherfüllung. Bei Erwartungen präzisieren wir nicht, ob unser Wunsch erfüllt werden *kann* oder *muss*. Hinter geäußerten Erwartungen stecken oft heimliche Befehle, unsere Wünsche zu erfüllen.

Der Status

Ärger wird uns so lange antreiben und mit Energie versorgen, bis wir unserem Wunsch näherkommen und seine Warnfunktion nicht mehr benötigen. Dies kann Stunden, Wochen, Monate oder Jahre dauern. Manchmal ein ganzes Leben. Die Emotion Ärger kennt kein Ende.

Wenn wir vorher aus der Emotion Ärger aussteigen möchten, müssen wir uns mit dem Ereignis auseinandersetzen, das die Emotion ausgelöst hat und Wünsche unerfüllt ließ.

Bei allen Ärgernissen ist es möglich, sich von der Emotion Ärger zu befreien. Das heißt jedoch nicht, dass das Problem damit gelöst ist. Manche Ärgernisse und Störungen bleiben und wir können nur versuchen, ärgerfrei und gelassen mit ihnen umzugehen.

Der Zeitpunkt

Mögliche Ärgernisse in der Zukunft spielen in der Gegenwart keine Rolle. Es sind ungelegte Eier. Wenn sie uns im Hier und Jetzt belasten, liegt das daran, dass Wünsche in der Gegenwart nicht erfüllt werden. Zukünftige Ärgernisse können wir loslassen und uns erst dann damit beschäftigen, wenn sie tatsächlich eintreten.

Ärgernisse oder Störungen in der Gegenwart, die uns in diesem Augenblick widerfahren, liegen in der nächsten Sekunde bereits in der Vergangenheit. Dort könnten wir sie liegen lassen und weiter unserer Wege gehen.

Weil sich die Emotion Ärger nicht von allein auflöst, halten wir an Ärgernissen aus der Vergangenheit auch in der Gegenwart und Zukunft bis zu ihrer Klärung fest. Ungeklärte Ärgernisse nehmen wir mit in die nächste Beziehung, den nächsten Job, den nächsten Verein und manchmal sogar mit ins Grab.

Die Ohnmacht

Ärger ist präsent, wenn uns die Macht fehlt, um unseren Wunsch zu erfüllen. Wenn wir uns über andere ärgern, sehen wir die Macht zur Wunscherfüllung bei den Personen oder Institutionen, über die wir uns beschweren. Wenn uns die Mittel oder Fähigkeiten fehlen, die eigenen Wünsche zu realisieren, ärgern wir uns über uns selbst und das eigene Unvermögen. Trotz der gefühlten Ohnmacht geben wir dennoch nicht auf.

In der Emotion Ärger liegt eine ungeheure Kraft, die uns Berge versetzen lässt. Unermüdlich setzen wir uns für unsere Vorstellungen und Ideen ein. Warum tun wir das? Weil der Nutzen, den die Erfüllung unseres Wunsches entfaltet, so groß ist, dass er all unsere Mühen entlohnt. Dafür nehmen wir viele Strapazen auf uns – selbst mentale, physische und soziale Belastungen.

Sobald wir die eigene Ohnmacht überwinden und ins Handeln kommen, lässt die Emotion Ärger nach. Selbst kleine Aktionen oder Schritte führen bereits aus dem Ohnmachtsgefühl heraus und wir fangen an, uns zu entspannen.

Die Funktion

Die Emotion Ärger ist ein wesentlicher Baustein unseres Warnsystems und gibt uns die erforderliche Energie, um unser Wohlergehen zu sichern. Ohne den Weckruf des Ärgers blieben uns viele Wünsche und deren Bedeutung verborgen. Wir würden in Gleichgültigkeit verfallen und unerwünschten Entwicklungen tatenlos zusehen.

Ich sehe es als permanente Aufgabe, sich aktiv mit den Impulsen des eigenen Ärgers auseinanderzusetzen. So wie ein Arzt nach unseren Schmerzen fragt, können wir uns selbst fragen, was uns gerade ärgert. Ich nenne dies Ärger-Hygiene, die so wichtig ist wie tägliches Zähneputzen. Schließlich geht es um unseren unerfüllten Wunsch und um unsere Gesundheit, Zufriedenheit und Gelassenheit.

Impulse

Wir können die Komponenten der 4 Basis-Emotionen nutzen, um das Energie-raubende Gefühl des Ärgers loszulassen und unserem Ziel, unerfüllte Wünsche doch noch zu realisieren, näherzukommen:

- Angst-, Ärger- und Trauer-Wünsche trennen

  Die Emotion Angst kann nicht präsent sein, weil das Ereignis tatsächlich eingetreten ist. Ist sie dennoch da, bezieht sie sich auf einen neuen Wunsch, der zukünftig unerfüllt bleiben könnte.

  Häufig ärgern wir uns über mehrere Sachen gleichzeitig. Eine einzige Störung kann dazu führen, dass verschiedene Wünsche nicht erfüllt werden. Jeden unerfüllten Wunsch müssen wir einzeln betrachten, denn jeder Wunsch verlangt eine andere Lösung.

  Haben wir ein Ärger-Thema geklärt und die Ärger-Emotion verschwindet, kann ein Gefühl der Trauer zurückbleiben. Dazu mehr im nächsten Kapitel.

- Die Emotion Ärger erkennen

  Jede Person zeigt andere Warnsignale des Ärgers. Sie reichen von laut werden, ungeduldig sein, jemanden beschuldigen oder sich beschweren bis zum Verstummen und Zurückziehen. Je eher wir die eigenen Anzeichen des Ärgers erkennen, desto schneller können wir reagieren.

- Ärger-Trigger auflisten

  Welche Themen, Situationen oder Personen lösen Ärger aus? Es ist hilfreich, sich diese Trigger zu notieren, um im nächsten Schritt die Wünsche dahinter zu reflektieren.

- Annahmen klären oder loslassen

  Um unnötige Ärger-Tiraden zu vermeiden, die auf Annahmen beruhen, können wir uns fragen, ob es sich um eine reale Situation oder um Gedankenspiele handelt. Annahmen kann man überprüfen, indem man nachfragt. Wenn wir feststellen, dass wir die Annahmen gar nicht klären wollen, können wir das Ärgernis sofort loslassen.

- Den Wunsch hinter dem Ärgernis finden

  Warum ärgert uns ein Ereignis? Was hatten wir uns vorgestellt, was wollten wir erreichen? Haben wir Erwartungen an uns oder an andere? Wenn ja, verfolgen wir einen Wunsch oder einen Befehl?

- Reale Wünsche definieren

  Möchten wir einen bestimmten Wunsch realisieren, sollte sich unsere Zieldefinition an der SMART-Regel orientieren, das heißt spezifisch, messbar, erreichbar, relevant und terminiert sein. Wünsche müssen umsetzbar sein, sonst ist unendlicher Ärger vorprogrammiert.

- Die Realität = die Tatsachen annehmen oder handeln
Öfter als uns bewusst ist beruht das Ärger-Gefühl darauf, dass wir äußere Umstände oder Fakten nicht wahrhaben oder akzeptieren wollen. Gerade im Berufsalltag fällt es uns schwer, Entscheidungsstrukturen zu akzeptieren, auch wenn sie Teil der Realität sind.

  Umso wichtiger ist es, sich zu fragen: Welche Gegebenheiten gilt es anzunehmen? Welche Handlungsspielräume bleiben? Wollen wir diese aktiv nutzen? Wenn wir Tatsachen nicht annehmen oder nicht aktiv werden, aber weiterhin am Ärgernis festhalten, werden wir uns unendlich lange ärgern. Äußere Umstände anzunehmen, heißt nicht, Tatsachen zu befürworten, sondern die Emotion Ärger loszulassen.

- Die Realität = das Verhalten anderer Personen zulassen
Genauso wie wir Tatsachen annehmen müssen, müssen wir auch das Verhalten anderer Personen akzeptieren. Dass andere Personen selbst entscheiden, wer sie sind und was sie tun, ist Teil der Realität. Das muss uns nicht gefallen und ihr Handeln kann auch gegen geltendes Recht verstoßen. Jeder Mensch darf jedoch eine eigene und andere Meinung haben und frei entscheiden, gegen gängige Werte oder Regeln zu verstoßen.

  Auch wenn wir andere Menschen nicht ändern, können wir uns fragen, ob wir etwas tun können, um die Lage zu verbessern.

- Was hat das Ärgernis mit mir zu tun?
Wenn wir uns ärgern, muss das Ärgernis mit uns zu tun haben (oder wir glauben, es hätte mit uns zu tun), sonst würden wir uns nicht ärgern. Ärger ist immer persönlich. Die zentrale Frage lautet: Wie wirkt sich das Ärger-Ereignis auf mich aus? Darüber kann und muss ich reden.

  Wenn Ärgernisse nichts mit mir zu tun haben, kann ich sie loslassen. Wenn ich glaube, sie hätten mit mir zu tun, obwohl dies nicht der Fall ist, sitze ich in einem Ärger-Muster fest.

- Das Ärgernis und die Auswirkungen auf das eigene Leben ansprechen
Dinge ändern sich selten von allein bzw. nur Sprechenden kann geholfen werden. Ärger-Ereignisse, die einen für uns wichtigen Wunsch stören, sollten wir ansprechen. Wünsche sind sehr individuell und vielleicht nur uns bekannt. Wir müssen der anderen Person mitteilen, wie wir die Realität wahrnehmen, was wir uns wünschen, warum uns das wichtig ist und wie die andere Person uns helfen könnte. Wir eröffnen damit einen konstruktiven Dialog, der neue Lösungsmöglichkeiten hervorbringen kann.

- Aus der Ohnmacht aussteigen und Eigenverantwortung übernehmen
  Darüber zu reden ist das eine, zu handeln das andere. Die Emotion Ärger ruft uns zum Handeln auf. Was können wir unternehmen, um unserem Ziel näher zu kommen? Den Kopf in den Sand stecken ist keine Option. Wir müssen selbst Verantwortung für unser Wohlbefinden übernehmen und tätig werden.

Die Umsetzung dieser Schritte kann in der Praxis schwerfallen. Als große Herausforderung wird u. a. genannt, den Ist-Zustand und das Verhalten anderer Personen als extern gesetzt anzunehmen. Gerne mischen wir uns in den Bereich anderer Personen ein und verhalten uns übergriffig. Im Berufsalltag erklären wir anderen, wie sie ihre Arbeit zu verrichten haben oder schreiben dem Vorstand vor, welche Entscheidungen er treffen soll. Häufig hängen wir in einem oder auch mehreren Ärger-Mustern fest, die man in meinem Buch „Das Anti-Ärger-Buch – in 3 Schritten frei von Ärger" nachlesen kann (erschienen im Junfermann Verlag).

Ärger gilt nicht nur als zentrale negative Emotion, weil unser Leben aus lauter Störungen besteht, die unseren Wünschen entgegenstehen. Er ist auch deshalb so präsent, weil wir ihn zweckentfremden. Ursprünglich sollte er uns in seiner Alarmfunktion auf unerfüllte Wünsche aufmerksam machen, doch stattdessen nutzen wir ihn für ganz andere Zwecke:

1. Ärger als Gesprächsstoff
   Fragen wir andere Personen im beruflichen oder privaten Umfeld nach ihrem Wohlergehen, bekommen wir sehr häufig als Antwort ein Ärgernis mitgeteilt. Die eigenen Ärger-Erlebnisse dienen als Gesprächsstoff und füllen den Small Talk.
2. Ärger als Energiequelle
   Ärger raubt zwar auf Dauer Energie und Zeit, stellt uns aber auch kurzfristig viel Energie zur Verfügung, um die eigenen Ziele zu erreichen. Manche Personen bringen sich absichtlich in Rage und suchen gezielt nach Dingen, über die sie sich aufregen können, um die erzeugte Energie für schwierige Aufgaben zu nutzen.
3. Persönliches teilen
   Es stärkt unsere Beziehungen, andere Menschen an unseren Erfahrungen teilhaben zu lassen und unsere Persönlichkeit zu zeigen. Noch besser ist es für die Beziehung, wenn wir dabei auf positive Erlebnisse eingehen und andere nicht mit unseren Ärger-Tiraden belasten.

4. Geteilter Ärger ist kein halber Ärger
   Geteiltes Leid ist gefühlt halbes Leid. Auf den Ärger trifft das nicht zu. Ich behaupte sogar, dass sich Ärger vervielfacht, je öfter wir ihn mit anderen teilen. Wir können beliebig oft über unsere Ärgernisse sprechen, ohne der Lösung einen Schritt näherzukommen.

5. Den eigenen Selbstwert steigern
   Wir ärgern uns über Themen, Situationen oder Personen, weil sie nicht der eigenen Überzeugung entsprechen. Urteilen wir zusätzlich darüber, so kann dies der Versuch sein, die eigene Einschätzung und das eigene Handeln als richtig und überlegen darzustellen. Dann verfolgen wir das Ziel, andere ab- und uns selbst aufzuwerten. Wir nutzen die Emotion Ärger, um Lager zu bilden und zu spalten.

6. Beziehungen aufrechterhalten
   Wenn wir uns über Personen ärgern, befinden wir uns mit dieser Person in einer Beziehung, auch wenn es nur eine Ärger-Beziehung ist. Manchmal ist Ärger der einzige Inhalt, aus dem die Beziehung noch besteht. In dem Moment, in dem wir den Ärger loslassen, verlieren wir die Beziehung zu dieser Person. Diesen Verlust wollen wir vermeiden und halten Menschen – oft ohne deren Wissen – in unserem Ärger-Gefängnis fest. Anstelle der negativen Emotion Ärger können wir versuchen, die Beziehung auf positive Art und Weise mit Leben zu füllen.

7. Aufmerksamkeit erhalten
   Von Ärgernissen zu erzählen, kann dem Zweck dienen, Aufmerksamkeit zu bekommen. Wenn es uns darum geht, beachtet zu werden oder im Mittelpunkt zu stehen, könnten wir stattdessen auch interessante positive Erlebnisse oder Geschichten teilen.

8. Andere als Sündenböcke
   Gerne ärgern wir uns über das Verhalten Dritter, um von eigenen Fehlern abzulenken. Gesünder ist es, den eigenen Beitrag zu Fehlentwicklungen anzuerkennen und einzugestehen. Niemand ist unfehlbar.

Im Arbeitsleben gehören viele dieser Ärger-Formate mittlerweile zum beruflichen Alltag. Wir können zu dieser Entwicklung beitragen, sie dulden oder ihr einen anderen Umgang mit Ärger entgegenstellen. Es bedarf des Bewusstseins aller Beteiligten, die missbräuchliche Verwendung von Ärger zu unterbinden. Wir ärgern uns oder wir ärgern uns nicht. Wir haben die Wahl.

Vieles, was ich im Laufe meiner Anti-Ärger-Praxis über diese Emotion gelernt und gerade ausgeführt habe, lässt sich auch auf die Angst und die Trauer übertragen.

3.4   Die Matrix und die Trauer

Nicht jeder unerfüllte Wunsch, der eventuell Angst und bei Eintritt Ärger ausgelöst hat, führt automatisch zu einem Trauer-Gefühl. In den meisten Fällen wechseln wir vom Gefühl der Angst oder des Ärgers direkt in die Gelassenheit.

Die Emotion Trauer liegt vor, wenn folgende Komponenten der Matrix gegeben sind:

- Ziel: Wunscherfüllung
- Bedeutung: wichtig
- Status: Wunsch nicht erfüllt
- Zeitpunkt: eingetreten
- **Ohnmacht: akzeptiert**
- Funktion: Annehmen

Trauer entsteht nicht nur beim Verlust geliebter Menschen oder Lebewesen durch Tod oder andere Umstände. Auch Jobwechsel, Umstrukturierungen, Kündigungen oder Pensionierungen können Ereignisse sein, bei denen wir Abschied nehmen müssen. Theoretisch stellt jeder unerfüllte Wunsch einen Verlust dar. Dabei können wir sowohl die fehlende freudige Erfüllung – das Positive – betrauern als auch die entstandene Leere und die unangenehmen Folgen der Nicht-Erfülllung – das Negative.

Die Emotion

Wir empfinden die Emotion Trauer, wenn der unerfüllte Wunsch ein Gefühl des Verlustes oder der Leere hinterlässt. Wo wir durch die Erfüllung eines Wunsches Fülle und Freude hatten oder uns erhofften, klafft jetzt eine Lücke oder Leere. Es fehlt etwas in unserem Leben.

Trauer kann, muss aber kein Ausdruck von Liebe sein. In jedem Fall betrauern wir etwas, das uns lieb und teuer war. Der unerfüllte Wunsch ist für unser Glück und unsere Zufriedenheit von Bedeutung und liegt uns am Herzen.

Trauer ist wie die Emotion Angst oder Ärger menschlich und es ist wichtig, dass wir sie wahrnehmen. Sie äußert sich nicht nur in intensiven und oft schmerzhaften Gefühlen wie Leid, Qual, Weinen, Tränen, Kummer oder Schwermütigkeit. Auch wenn wir etwas bedauern, vermissen, beklagen, jammern, Trübsal blasen, uns elendig oder niedergeschlagen fühlen oder traurig sind, kann die Emotion Trauer gegenwärtig sein. Immer wenn wir ‚schade‘ sagen, drücken wir unser Bedauern darüber aus, dass ein Wunsch unerfüllt geblieben ist.

Wenn wir erwarten, dass die Welt unseren Wünschen nachkommt, dies jedoch nicht geschieht, sind wir enttäuscht. Auch in der Enttäuschung steckt die Emotion Trauer.

In der Regel können wir das Gefühl der Trauer überwinden und hinter uns lassen.

Wie beim Ärger und der Angst dient es weder unserem mentalen und physischen Wohlergehen noch unserem sozialen Leben, wenn wir zu lange in der Emotion Trauer verharren. Es besteht die Gefahr, dass wir uns zurückzuziehen, Dingen aus dem Weg gehen, aufgeben, uns nicht mehr am Geschehen beteiligen oder aufhören, unser Leben aktiv zu leben und zu gestalten.

Trauer zu verdrängen oder ständig durch Aktivität zu überdecken schadet unserer Gesundheit ebenfalls.

Trauer will – wie die anderen Emotionen auch – bewusst gesehen, bearbeitet und überwunden werden, damit das Ärger-Ereignis abgeschlossen werden kann.

Der Status

Im Gegensatz zur Angst, die uns im Vorfeld vor einer Nicht-Erfüllung warnt, oder zum Ärger, der uns dazu antreibt, die eingetretene Nicht-Erfüllung zu ändern, strebt die Trauer keine Veränderung des Ereignisses an. Sie akzeptiert, dass das Ereignis eingetreten ist und ein Wunsch unerfüllt bleibt.

Geht unser Wunsch wider Erwarten doch in Erfüllung, gibt es keinen Anlass mehr zu trauern und die eigene Niedergeschlagenheit löst sich auf.

Der Zeitpunkt

Wir können Wünsche, deren Erfüllungszeitpunkt in der Zukunft liegt, betrauern, wenn uns die Nicht-Erfüllung in der Gegenwart bestätigt wird. Den Verlust verspüren wir im Hier und Jetzt.

Ein Wunsch, der in der Gegenwart nicht erfüllt wird und dessen Nicht-Erfüllung wir betrauern, liegt im nächsten logischen Moment in der Vergangenheit.

Es ist nicht gesund, die Nicht-Erfüllung eines Wunsches aus der Vergangenheit lange in der Gegenwart zu betrauern. Irgendwann müssen wir Abschied nehmen und Ereignisse abschließen. Dazu gehört, Schönes loszulassen und Unangenehmes anzunehmen.

Die Ohnmacht

Die Anspannung der Angst oder des Ärgers fallen von uns ab, wenn wir die eigene Ohnmacht akzeptieren. Dies ist bei der Trauer der Fall. Wir akzeptieren, dass weder wir noch andere die Macht oder Mittel haben, unseren Wunsch zu erfüllen. Wir akzeptieren die Tatsache, dass unser Wunsch unerfüllt bleibt, und lassen unser ursprüngliches Ziel der Wunscherfüllung los. Mit dem Loslassen kommt eine Entspannung und die Trauer kann sich ausbreiten.

Das bedeutet aber nicht, dass wir unseren Wunsch loslassen. Nur dessen Realisierung!

Das Ziel und die Bedeutung

Zwar teilen Ärger und Trauer die Tatsache, dass ein Wunsch unerfüllt bleibt, doch nur wenige Ärgernisse rufen tatsächlich Trauer hervor. Unser Alltag ist voller Störungen und unerfüllter Wünsche, die Ärger auslösen. Doch nicht alle Wünsche liegen uns gleichermaßen am Herzen und führen zu Trauer.

Trauer beschränkt sich nicht nur auf große persönliche Verluste. Sie kann auch durch kleine unerfüllte Wünsche ausgelöst werden, die uns am Herzen liegen. Geplatzte Karrierechancen können uns traurig machen, aber auch ein ausverkauftes Konzert. Je mehr uns etwas am Herzen liegt, desto größer ist die Freude über die Erfüllung dieses Wunsches und umso trauriger sind wir, wenn diese ausbleibt.

Trauer wird auch ausgelöst, wenn unsere Wünsche nicht realistisch und unsere Erwartungen zu hoch sind. Wünsche, die wir uns in der Fantasie in den schönsten Farben mit den größten Glücksgefühlen ausmalen, können uns bei Nicht-Erfüllung in Trauer stürzen.

Beispiel

Wenn ich den Wunsch hege, bis zur Geschäftsleitung aufzusteigen, mir aber die nötigen Voraussetzungen fehlen, ist mein Wunsch nicht realistisch. ◄

Wir haben nicht nur Wünsche für unser eigenes Leben, sondern auch für das Leben und Wohlergehen anderer Menschen. Dabei sollten wir uns bewusst sein, dass unsere Wünsche für das Leben anderer nicht mit deren Vorstellungen übereinstimmen müssen. Wenn wir trauern, können wir nur eigene unerfüllte Wünsche betrauern. Für die unerfüllten Wünsche anderer können wir Mitgefühl empfinden, Empathie zeigen und versuchen, Beistand zu leisten. Trauer aber betrifft das eigene Leben und ist persönlich.

Die Funktion

Die Basis-Emotion Trauer steht am Ende des Prozesses der Wunscherfüllung und fordert uns auf, Abschied zu nehmen. Nicht von unseren Wünschen, sondern von ihrer Erfüllung.

Das Ereignis abzuschließen bedeutet, die Leere, die negativen Folgen und den Verlust, den die Nicht-Erfüllung eines Wunsches hinterlässt, anzunehmen und auf die Freude und Zufriedenheit, die wir bei Erfüllung verspürt hätten, zu verzichten.

Trauern bedeutet loslassen und annehmen, sodass Platz entstehen kann für Neues, das uns erfüllt.

Impulse

Wir können die Komponenten der 4 Basis-Emotionen nutzen, um das schmerzhafte Gefühl der Trauer nach hinreichender Verarbeitung zu überwinden und wieder in den ursprünglichen Zustand der Entspannung und Gelassenheit gelangen:

- Angst-, Ärger- und Trauer-Wünsche trennen
  Trauer kann von den anderen negativen Emotionen Angst und Ärger überlagert werden. Wir müssen erst die Wünsche hinter der Angst und dem Ärger betrachten und klären, um uns ungestört der Trauer widmen zu können.
  Entstehen neue Ängste oder Ärgernisse bei der Trauerarbeit, müssen wir auch diesen nach und nach auf den Grund gehen und sie auflösen.
- Die Emotion Trauer erkennen und zulassen
  Trauer muss wahrgenommen und zugelassen werden. Andernfalls können wir nicht Abschied nehmen und unerfüllte Wünsche abschließen. Wir bleiben in der Emotion gefangen.
- Keine Luftschlösser betrauern
  Es ist wichtig, sich höhere Ziele zu stecken und auf deren Erfüllung hinzuarbeiten. Dabei sollte man die Realität jedoch nicht aus den Augen verlieren. Man kann nach den Sternen greifen, sollte aber nicht traurig sein, wenn man sie nicht zu fassen bekommt.
- Der Trauerarbeit Zeit und Raum geben
  Die meisten Ärgernisse lassen wir bereits nach fünf Minuten los. Die Emotion Trauer hingegen braucht Zeit, schließlich ist eine Leere, eine Lücke, ein Verlust entstanden. Diese Wunde, und sei sie noch so klein, braucht Zeit, um zu heilen.
- Den Wunsch hinter der Trauer formulieren
  Wie bei jeder der 4 Basis-Emotionen müssen wir auch bei der Trauer wissen, worum wir trauern. Nicht der Anlass der Trauer ist ausschlaggebend, sondern der unerfüllte Wunsch bzw. die Folgen, die er mit sich bringt. Was ist mir lieb und teuer? Was möchte ich nicht in meinem Leben haben? Worauf möchte ich nicht verzichten?

- Die eigenen unerfüllten Wünsche betrauern
  Trauer bezieht sich auf unsere eigenen unerfüllten Wünsche und Verluste. Für die unerfüllten Wünsche anderer können wir Verständnis und Mitgefühl aufbringen, sollten die Trauer aber der betroffenen Person überlassen.
- Enttäuschung ersetzen durch traurig sein
  Nicht erfüllte Erwartungen an sich selbst, an andere Menschen und die Welt können zu Enttäuschung führen und ein Gefühl der Trauer hinterlassen. Es ist gesünder und das Leben leichter, Erwartungen und Enttäuschungen ganz aus unserer Gedankenwelt zu entfernen und stattdessen unsere Wünsche und Trauer klar und direkt anzusprechen.
- Eigenverantwortung übernehmen
  Wir können Beistand suchen und versuchen, unser Leid mit anderen zu teilen. Geteiltes Leid kann halbes Leid sein. Und trotzdem müssen wir selbst am Ende die Trauerarbeit leisten. Es ist unser unerfüllter Wunsch, unser Verlust, unsere Trauer, unser Leben, unsere Verantwortung.
- Den Verlust akzeptieren
  Das Gefühl der Trauer kann erst verfliegen, wenn wir uns mit dem Ist-Zustand, der Realität, angefreundet und die Folgen der Nicht-Erfüllung angenommen haben. Das bedeutet nicht, dass wir unseren ursprünglichen Wunsch loslassen müssen. Wir akzeptieren nur, dass er nicht erfüllt wird, und leben mit der Lücke, die dadurch entsteht.
- Verzicht üben
  Als Individualisten sind wir dazu erzogen worden, uns für das eigene Wohl und die Erfüllung der eigenen Wünsche einzusetzen. Wir haben in der Regel nicht gelernt, mit der Nicht-Erfüllung dieser Wünsche gelassen umzugehen. Dazu gehört u. a. die Fähigkeit, Verzicht zu üben. Mit dem Verlust zu leben, heißt, auf die Erfüllung und die damit verbundenen Glücksgefühle verzichten zu können.
- Abschied nehmen und loslassen
  Wie beim Ärger besteht auch bei der Trauer die Gefahr, dass wir an der Erfüllung unserer Wünsche festhalten und damit keinen Ausweg aus der Emotion finden. Um wieder zur Gelassenheit und Zufriedenheit zurückzufinden, müssen wir explizit Abschied von der Erfüllung des Wunsches nehmen. Mit dem Abschied schließen wir den Prozess der Wunscherfüllung ab und ziehen einen Schlussstrich. Das bedeutet nicht, Brücken abzubrechen und Türen zu schließen. Manchmal öffnet der Abschied unverhofft neue Türen und Möglichkeiten.
- In Verbindung bleiben
  Wie die Emotion Ärger können wir auch die Trauer zweckentfremden, um mit geliebten Menschen oder Lebenssituationen in Verbindung zu sein. Alternativ können wir neue, positive Wege suchen, um miteinander verbunden zu bleiben.

- Das Positive sehen und Alternativen suchen
  Wenn wir trauern, konzentrieren wir uns auf das, was wir verloren haben und
  was nicht (mehr) erfüllt wird. Wir können stattdessen versuchen, uns über das
  Gute im Leben zu freuen und das Glas halb voll zu sehen. Wir können neue und
  alternative Möglichkeiten finden, um Verlorenes zu ersetzen.
- Dankbar sein
  Abschiednehmen fällt leichter, wenn wir etwas finden, wofür wir dankbar sein
  können. Die Leere, die bei einem unerfüllten Herzenswunsch entsteht, kann
  durch stetige Dankbarkeit langsam gefüllt werden.

Die Grafik zur zeitlichen Abfolge der 4 Basis-Emotionen

4

Da alle 4 Basis-Emotionen das gleiche Ziel der Wunscherfüllung verfolgen und sich gleichzeitig aufgrund ihrer unterschiedlichen Phasen und Funktionen – Feiern, Proaktivität, Veränderung und Annehmen – eindeutig voneinander unterscheiden, lassen sie sich mithilfe der Komponenten der Matrix in ihrer zeitlichen und logischen Abfolge sehr gut grafisch darstellen.

Die Grafik der 4 Basis-Emotionen soll als Visualisierung dabei helfen, die Emotionen in ihrem Zeitablauf einzuordnen, um ihre Handlungsimpulse möglichst schnell und erfolgreich umzusetzen und zum ursprünglichen Zustand der Gelassenheit zurück zu gelangen (Abb. 4.1).

Die senkrechte Achse (y-Achse) spiegelt die Matrix-Komponente Energie wider (positiv oder negativ), die durch den Status der Zielerreichung ausgelöst wird. Positive Energie empfinden wir bei Wunscherfüllung, negative Energie entwickelt sich bei Nicht-Erfüllung.

Die Nulllinie steht für den Zustand der Gelassenheit, in dem wir weder eine positive noch eine negative Energie verspüren.

Auf der waagerechten Achse (x-Achse) ist die zeitliche Abfolge der Wunscherfüllung und ihrer Bearbeitung dargestellt. Sie definiert sich durch die übrigen Matrix-Komponenten:

- Zeitpunkt: das Ereignis ist noch nicht eingetreten, weil es in der Zukunft liegt
- Zeitpunkt: das Ereignis ist eingetreten
- Ohnmacht: der Eintritt des Ereignisses und die eigene Ohnmacht es zu verhindern (Angst) oder zu verändern (Ärger) werden akzeptiert

© Der/die Autor(en), exklusiv lizenziert an Springer Fachmedien Wiesbaden GmbH, ein Teil von Springer Nature 2025
B. Gerhards, *Die Matrix der 4 Basis-Emotionen*, essentials,
https://doi.org/10.1007/978-3-658-50314-7_4

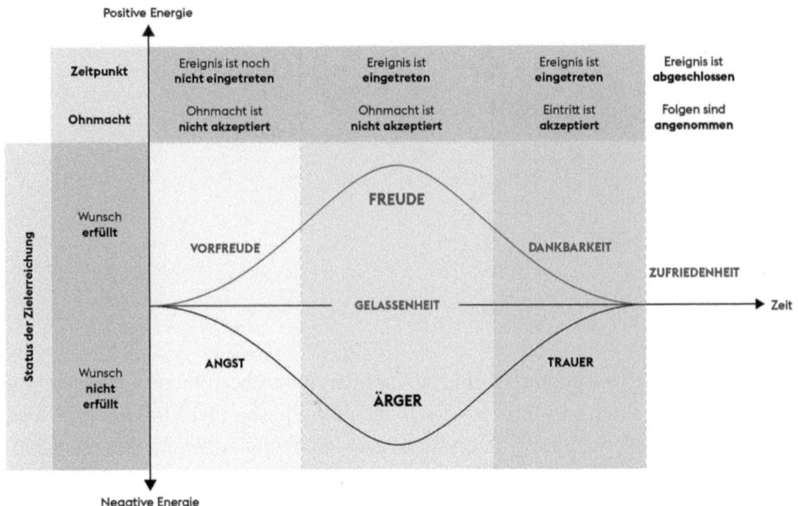

Abb. 4.1 Die Grafik der 4 Basis-Emotionen

Jede Emotion kann dabei eindeutig einer Phase der Wunscherfüllung zugeordnet werden.

Die Freude nimmt mit ihren verschiedenen Phasen den gesamten Bereich oberhalb der x-Achse ein, in dem der eigene Wunsch erfüllt wird.

Die Emotionen Angst, Ärger und Trauer teilen sich aufgrund des Status der Nicht-Erfüllung den Bereich der negativen Energie unterhalb der waagerechten Achse der Gelassenheit. Welche negative Emotion sich entwickelt, hängt im Zeitablauf davon ab, ob das Ereignis eingetreten ist (Komponente Zeitpunkt) und ob die eigene Handlungsfähigkeit im Prozessverlauf akzeptiert wird oder nicht (Komponente Ohnmacht).

Ist keine Basis-Emotion präsent, befinden wir uns im Zustand der Gelassenheit. Unser Körper ist entspannt und hat noch kein Signal empfangen, dass Handlungsbedarf besteht. Das ändert sich schlagartig, wenn ein Ereignis oder eine Störung eine Emotion auslöst und wir eine positive oder negative Energie verspüren. Es gibt keine Regel, welche Emotion sich im Einzelfall entwickelt und wie die Energie-Kurve letztendlich verläuft. Das hängt stark davon ab, wie wichtig uns der Wunsch ist, wie weit wir von seiner Erfüllung entfernt sind, wie ohnmächtig wir uns fühlen und wie sehr wir die Folgen der Nicht-Erfüllung betrauern. Der Verlauf der Kurve hängt darüber hinaus von unserer Fähigkeit ab, schnell, bewusst und kompetent mit der entstandenen Emotion umzugehen. Sobald wir den Klärungs-

und Lösungsprozess einleiten, entspannt sich unser Körper und das Energielevel lässt nach. Die Kurve bewegt sich wieder Richtung Nulllinie auf den Zustand der Gelassenheit zu.

Ein Ereignis kann mehrere Emotionen auslösen und uns das Gefühl vermitteln, dass wir uns gleichzeitig ängstigen, ärgern und trauern. Da hinter jeder präsenten Emotion ein anderer Wunsch liegt, erzeugt jeder Wunsch eine eigene Kurve in der Grafik und muss einzeln geklärt werden.

Bei unserem Ziel, einen Wunsch erfüllt zu bekommen, durchlaufen wir nicht immer alle vier Phasen bzw. Emotionen. Manchmal ist eine Emotion so kurz präsent, dass wir sie gar nicht wahrnehmen.

Umgekehrt können sich Emotionen in Bezug auf einen einzigen Wunsch abwechseln, sodass wir uns in der Grafik beliebig vor- und zurückbewegen, sobald sich etwas am Status der Wunscherfüllung oder an anderen Komponenten ändert.

4.1   Die positive Emotion Freude

Beginnen wir wieder mit der einzigen positiven Basis-Emotion, der Freude, weil bei ihr das Ziel der Wunscherfüllung erreicht ist.

Freude beginnt bereits, wenn die Erfüllung unseres Wunsches noch nicht eingetreten ist, dessen Realisierung in unseren Gedanken als Idee, Plan, Vision oder Traum aber bereits existiert. In diesem Fall sprechen wir von Vorfreude und genießen die Aussicht auf einen erfüllten Wunsch.

In dem Moment, wo aus der Idee Wirklichkeit wird, und das Ereignis der Wunscherfüllung eintritt, empfinden wir reine Freude.

Dieses wunderbare Hochgefühl kann allerdings nicht ewig anhalten. Es wäre für unseren Körper auf Dauer sehr anstrengend und kräftezehrend. Deswegen nehmen wir irgendwann den erfüllten Wunsch als gegeben hin und die Phase der Wunscherfüllung geht in Gewöhnung über.

Wir können die positiven Gefühle, die uns die Freude beschert, noch ein wenig verlängern, in dem wir für alle Wünsche dankbar sind, die sich erfüllt haben.

Auch Dankbarkeit erfordert Energie in Form von Bewusstsein und Aufmerksamkeit und geht im Zeitablauf in eine entspannte Zufriedenheit über.

Wir können die positive Energie der Freude maximieren und unseren erfüllten Wunsch immer wieder feiern, indem wir die Freude in all ihren Phasen bewusst wahrnehmen, fördern und genießen. In Gedanken können wir beliebig zwischen der Phase der Vorfreude, Freude, Dankbarkeit und Zufriedenheit hin- und herspringen.

Auf Freude kann allerdings auch Trauer folgen, wenn wir anstelle der Dankbarkeit für die erlebte Wunscherfüllung nur das Ende des schönen Ereignisses sehen und noch nicht bereit sind, Abschied vom realisierten Wunsch zu nehmen. Die gegensätzlichen Emotionen Freude und Trauer rufen beide dazu auf, das Ereignis abzuschließen und zur Gelassenheit und Zufriedenheit zurückzukehren.

4.2   Die negativen Emotionen Angst, Ärger und Trauer

Ein Ereignis, das noch nicht eingetreten ist, kann die Emotion Angst auslösen und theoretisch alle Phasen durchlaufen und negative Emotionen erzeugen:

- Solange wir nichts proaktiv gegen die Angst unternehmen, wird sie so lange präsent sein, bis das befürchtete Ereignis tatsächlich eintritt und unser Wunsch im Ist nicht erfüllt wird. Im Moment des Eintritts verschwindet die Angst schlagartig und kann in Ärger und Trauer umschlagen.
- Ist ein Ereignis eingetreten, kann sich die Emotion Ärger entwickeln, wenn wir die eigene Ohnmacht nicht akzeptieren und die Situation noch verändern möchten. Wir kämpfen gegen die Nicht-Erfüllung an.
- Ist die Phase der Angst vorüber oder der Ärger überwunden, weil wir die eigene Ohnmacht akzeptiert haben, kann ein Gefühl der Trauer zurückbleiben. Die Emotion macht uns darauf aufmerksam, dass wir mit den Folgen der Nicht-Erfüllung unseres Wunsches noch nicht zurechtkommen und uns aktiv mit ihnen auseinandersetzen müssen.

Nicht immer durchlaufen wir alle drei negativen Gefühlszustände. Oft kann sich keine Angst entwickeln, weil wir im Vorfeld nicht wissen, welche Wünsche demnächst gestört werden. In der Regel werden wir bei Ereignissen vor vollendete Tatsachen gestellt und empfinden direkt die Emotion Ärger oder Trauer.

Wir sind für unseren emotionalen Zustand selbst verantwortlich. Auf jedem Punkt der Kurve können wir entscheiden, ob wir die Anspannung und das intensive Energielevel, das mit der jeweiligen Emotion verbunden ist, verlassen wollen. Dank der kompetenten Auseinandersetzung mit unseren Emotionen können wir uns jederzeit in Richtung Gelassenheit bewegen. Diese stellt sich ein, wenn die Anspannung gänzlich von uns abgefallen ist und wir wieder im Zustand der Entspannung sind.

Ausblick 5

Im beruflichen Alltag stört der unprofessionelle Umgang mit den negativen Emotionen Angst, Ärger und Trauer ein effizientes und sachorientiertes Miteinander. Es besteht die Gefahr, sich ausgiebig über Emotionen und Gefühlszustände zu unterhalten, statt gemeinsam konstruktiv an den bestehenden Herausforderungen zu arbeiten.

Vielleicht zweckentfremden wir auch die Angst, den Ärger und die Trauer, um unsere Emotionen als Gesprächsstoff zu nutzen, uns über andere Menschen zu erheben oder um Aufmerksamkeit zu erhalten. Die Emotionen kosten alle Beteiligten sowie das Unternehmen Zeit und Energie.

Wenn wir in den Emotionen festsitzen oder sie zweckentfremden, blockieren wir ihren Nutzen als elementares Warn- und Motivationssystem. Wir verpassen die Chance zu Handeln und uns für die eigenen Ziele und Vorstellungen einzusetzen.

Je kompetenter wir dagegen mit unseren Emotionen umgehen können, desto mehr lernen wir darüber, welche Ziele uns im Arbeitsleben wichtig sind und wie wir arbeiten möchten. Wir können unnötige Wünsche loslassen, uns für wichtige Dinge einsetzen und besser mit nicht erfüllten Wünschen leben. Mit dieser Klarheit, der Übernahme von Eigenverantwortung und neuer Selbstbestimmung können wir uns entspannter, toleranter und zufriedener den eigenen Aufgaben widmen.

Führungskräfte, die den Nutzen der Basis-Emotionen erkannt haben, können anderen helfen, diese Emotionen bewusst zu reflektieren und die eigenen Wünsche selbstbestimmt anzusprechen. Als Folge würden wir uns und andere besser verstehen, nicht mehr in Emotionen festsitzen oder sie zweckentfremden, gelassen und resilient mit Veränderungen umgehen, konstruktiv kommunizieren sowie unnötigen Stress und überflüssige Konflikte vermeiden.

© Der/die Autor(en), exklusiv lizenziert an Springer Fachmedien Wiesbaden GmbH, ein Teil von Springer Nature 2025
B. Gerhards, *Die Matrix der 4 Basis-Emotionen*, essentials, https://doi.org/10.1007/978-3-658-50314-7_5

Die Matrix und die Grafik der 4 Basis-Emotionen sollen das Ziel unterstützen, die eigenen Emotionen so schnell wie möglich hinter sich zu lassen und zur Gelassenheit zurückzufinden, um sich wieder mit voller Konzentration und Energie den Sachthemen und dem betrieblichen Geschehen zuzuwenden.

Angst, Ärger und Trauer werden sich im beruflichen Alltag regelmäßig melden, weil neue Herausforderungen und Situationen immer wieder Wünsche von uns gefährden. Störungen und unerfüllte Wünsche möglichst gelassen zu meistern, ohne in Emotionen zu versinken oder steckenzubleiben, ist somit keine einmalige Aufgabe, sondern bleibt eine tägliche Herausforderung und Lebensaufgabe zugleich.

Der kompetente Umgang mit den 4 Basis-Emotionen ist die Grundlage für ein erfolgreiches betriebliches Miteinander sowie für die persönliche Gelassenheit und Zufriedenheit.

Was Sie aus diesem *essential* mitnehmen können

- Wissen über die Aufgaben und den Nutzen der 4 Basis-Emotionen
- Eine Systematik, um die Emotionen zu erkennen, zu verstehen und abzugrenzen
- Bewusstsein für die eigenen Wünsche, die die Emotionen auslösen
- Impulse, um sich von Emotionen zu befreien und in professionelles Handeln zu wechseln
- Einen Weg zu beruflicher Effizienz sowie persönlicher Gelassenheit und Zufriedenheit

© Der/die Herausgeber bzw. der/die Autor(en), exklusiv lizenziert an Springer Fachmedien Wiesbaden GmbH, ein Teil von Springer Nature 2025
B. Gerhards, *Die Matrix der 4 Basis-Emotionen*, essentials,
https://doi.org/10.1007/978-3-658-50314-7

MIX
Papier aus verantwortungsvollen Quellen
Paper from responsible sources
FSC® C105338
www.fsc.org

If you have any concerns about our products,
you can contact us on
ProductSafety@springernature.com

In case Publisher is established outside the EU,
the EU authorized representative is:
Springer Nature Customer Service Center GmbH
Europaplatz 3, 69115 Heidelberg, Germany

Printed by Libri Plureos GmbH
in Hamburg, Germany